Couverture inférieure manquante

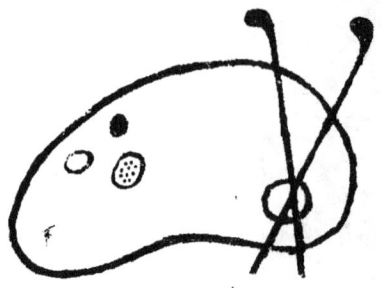

Début d'une série de documents
en couleur

LE
ROYAUME D'ARLES ET DE VIENNE

Sous les premiers Empereurs de la Maison de Souabe

PAR

Paul FOURNIER

GRENOBLE

IMPRIMERIE GABRIEL DUPONT, RUE DES PRÊTRES, 1

1884

Fin d'une série de documents
en couleur

LE

ROYAUME D'ARLES ET DE VIENNE

Sous les premiers Empereurs de la Maison de Souabe

PAR

Paul FOURNIER

GRENOBLE

IMPRIMERIE GABRIEL DUPONT, RUE DES PRÊTRES, 1

1884

EXTRAIT DU BULLETIN DE L'ACADÉMIE DELPHINALE

Séance du 29 novembre 1883

737. — Grenoble, typ. et lith. G. Dupont, rue des Prêtres, 4.

LE ROYAUME D'ARLES ET DE VIENNE

Sous les premiers Empereurs de la Maison de Souabe

I

Au commencement du XIIIe siècle, l'Empire qui, au temps de Frédéric Barberousse, avait atteint l'apogée de sa gloire et de sa grandeur, était déchiré par des dissensions intestines dont la double élection de Philippe de Souabe et d'Othon de Brunswick avait donné le signal. Si dans tous les pays d'Empire ces divisions avaient affaibli l'autorité impériale, elles ne lui avaient en nulle autre contrée porté une atteinte plus profonde que dans l'Est et le Sud-Est de la Gaule, c'est-à-dire dans les provinces ecclésiastiques de Besançon, de Lyon, de Tarentaise, de Vienne, d'Embrun, d'Arles et d'Aix, qui formaient le royaume de Bourgogne, souvent appelé par les contemporains le royaume d'Arles ou de Vienne. Dans ces régions, échues à l'empereur Conrad le Salique par la mort du roi d'Arles Rodolphe III, les provinces qui ne se montraient point hostiles à l'Empire demeuraient au moins indifférentes, conquête facile offerte à l'ambition toujours en éveil de la maison de France.

Vers cette époque, les hasards de la vie avaient fait d'un Anglais de haute naissance, Gervais de Tilbury, le maréchal de la Cour pour le royaume d'Arles. Gervais, que son mariage avait fixé en Provence, ne put se défendre de signaler à son maître le déclin de l'autorité impériale dans l'ancien pays des Burgondes. Il l'exposa sans crainte, dans un écrit qu'il adressa à l'Empereur Othon de Brunswick (¹).

Gervais exprime sans détour un vif regret de ce que la politique impériale, lâchant la proie pour l'ombre, ne craigne pas de poursuivre des conquêtes nouvelles, au lieu de s'attacher à concentrer sous la main du maître les vieux pays qui forment le noyau de l'Empire, le royaume d'Allemagne et le royaume d'Arles. C'est une faute que d'étendre sur des terres lointaines une domination plutôt nominale que réelle, parce qu'elle perd en force ce qu'elle gagne en étendue. La faute est plus grave, si les pays dans lesquels on laisse s'avilir l'autorité impériale sont placés au cœur de l'Europe, de telle manière qu'ils donnent accès, par des routes faciles, aux diverses contrées qui forment l'enjeu de la partie politique engagée en Occident. Telle est la situation du royaume d'Arles et de Vienne. Qui le possède peut sans peine pénétrer sur les terres du roi de France par le Nord de la Comté de Bourgogne, chemin traditionnel des envahisseurs. Qui le possède tient les défilés des Alpes et, d'ailleurs, étant maître des ports, peut, s'il lui plaît d'envahir l'Italie, épargner à ses armées la rude et dangereuse traversée des montagnes. Qui le possède domine, de ces mêmes ports, la Méditerranée que sillonnent ses galères, et dispose ainsi du chemin que suivront les dernières croisades pour attaquer la Syrie et l'Afrique. Ainsi le souverain du royaume d'Arles

---

(¹) *Otia imperialia*, Decisio II, nº XII, dans Leibnitz, *Scriptores rerum Brunsvicensium*, I, pp. 922 et suiv. — Une édition in-8º en a été donnée à Hanovre, en 1856.

exercera sa puissance depuis les domaines de la maison capétienne, jusqu'aux régions éloignées où les ennemis du nom chrétien, faisant chaque jour des progrès nouveaux, achèveront bientôt l'agonie du royaume de Jérusalem. Enfin la faute que commet la politique impériale semble inexcusable à qui considère les ressources immenses qu'offrent ces terres bénies du Ciel, couvertes de campagnes fertiles, riches de tous les dons de la nature, remplies de villes commerçantes, habitées par une population prête à s'incliner devant tout pouvoir qui manifestera une énergie suffisante pour inspirer quelque crainte. Tel était au moins le caractère des Provençaux qui, entre toutes les populations du royaume d'Arles, se distinguaient par une civilisation plus brillante et une culture plus étendue. Gervais dépeint, non sans finesse, cette race à l'esprit alerte et remuant, active ou nonchalante suivant l'impression du moment ; sachant, quand il le faut, endurer les souffrances et les privations, et se livrer ensuite aux délices de l'abondance : trop légère pour tenir beaucoup à sa parole et trop vaine pour sacrifier son amour-propre à la vérité. « Ces populations, ajoutait Gervais, riches de tous les biens, manquent d'un maître juste et bon : que l'Empereur craigne d'en porter la responsabilité ! »

Gervais ne se trompait pas en constatant la décadence de l'autorité impériale dans le royaume d'Arles au commencement du XIIIe siècle. Qu'avait-on fait, que fit-on pour resserrer le lien si lâche qui unissait à l'Empire les régions du Sud-Est de la Gaule ? C'est tout le sujet du travail dont cette étude est le premier fragment. On se propose d'y retracer les efforts infructueux de la politique allemande du XIIe au XVe siècle, soit pour maintenir dans ces contrées l'autorité des vicaires de l'Empire, soit pour confier le royaume d'Arles à une dynastie amie et vassale, jusqu'au jour où la maison de France, plus habile et plus heureuse, obtint pour elle le vicariat impérial qui fut comme la consécration suprême de ses progrès dans ces contrées.

II

Vers le milieu du XIIᵉ siècle, la Bourgogne, depuis longtemps éprise d'un trop vif amour de l'indépendance, avait, suivant l'expression d'un contemporain, perdu l'habitude de la soumission et contracté celle de l'insolence (¹). S'il en faut juger d'après la conduite des principaux seigneurs, l'autorité de l'Empereur était fort peu respectée, encore moins obéie : nul ne se résignait à l'invoquer, s'il n'en avait besoin pour appuyer des prétentions ou résister à une agression. Encore cette protection était-elle d'un médiocre secours : en Franche-Comté, le comte Renaud III s'était jusqu'à sa mort maintenu en possession de ses Etats malgré la concession que l'empereur Lothaire en avait faite à Conrad de Zaehringen (¹). En Provence, le comte de Barcelone, tuteur du jeune Raymond Bérenger, avait victorieusement défendu les droits de son pupille contre les prétentions de Raymond de Baux, que soutenait l'empereur

---

(¹) Voir sur le rectorat de Conrad de Zaehringen, fils de Berthold II : de Gingins. *Le Rectorat de Bourgogne,* dans les *Mémoires de la Société de l'Histoire de la Suisse Romande,* tome I.

Conrad III. Les comtes de Savoie étendaient leur influence au delà des limites du royaume de Bourgogne,
sur une partie de la Haute-Italie ; leur puissance s'ac-
croissait et leur alliance était recherchée à tel point
qu'un mariage avec Louis le Gros avait placé sur le trône
de France Adélaïde, fille du comte Humbert II. Un si
grand seigneur ne pouvait être qu'un vassal assez indo-
cile, souvent dangereux : Lothaire s'en était aperçu et
Barberousse ne devait pas tarder à l'éprouver à ses dépens. A côté des comtes de Savoie, les comtes d'Albon,
issus d'une race ambitieuse qui cherchait à s'élever au
milieu de ses voisins, avaient établi les fondements de
leur puissance en forçant les évêques de Grenoble à
leur reconnaître une juridiction égale à la leur : occupés d'agrandir leurs domaines, ils se souciaient peu
d'accomplir leurs devoirs féodaux envers les Empereurs,
héritiers des rois de Bourgogne.

La plupart des évêques vivaient dans une quasi-indé-
pendance que leur assurait la tradition ou des chartes
d'immunité concédées par les rois de Bourgogne ou les
anciens Empereurs. Sur ces prélats, l'action de la France
se faisait parfois sentir : l'un des plus considérables
d'entre eux, l'archevêque de Lyon, subissait plus qu'aucun autre l'attraction de cette puissance. Presque tous
ses suffragants étaient vassaux de la couronne de France,
et lui-même tenait une portion de son temporel en fief
du roi. Primat des Gaules, il occupait une place d'honneur dans les assemblées du clergé de France, dont il
était un membre important. Dans la querelle des inves-
titures, les évêques du royaume de Bourgogne avaient en
général pris parti contre Henri V, suivant l'exemple
que leur avaient donné le saint évêque Hugues de Gre-

noble et l'archevêque de Vienne, Gui de Bourgogne, oncle par alliance du roi de France et destiné à ceindre la tiare sous le nom de Calixte II. Ainsi les évêques avaient appris à tourner leurs regards vers le roi Louis VI, qui protégeait Pascal II comme son fils devait soutenir Alexandre III.

Cependant, le premier des empereurs souabes, Conrad III, avait tenté de se ménager des partisans dans le haut clergé, en assurant ou en confirmant à quelques évêques les droits régaliens. C'était un grand avantage pour les seigneurs ecclésiastiques que de dépendre immédiatement de l'Empereur et d'exercer sous cette suzeraineté, plus nominale que réelle, tous les droits qui semblent réservés aux souverains : l'Evêque pouvait désormais se croire à l'abri des vexations et des violences des seigneurs voisins qui, sous prétexte de défendre les Eglises, réussissaient trop souvent à les dépouiller. Aussi, lorsque Conrad accordait des diplômes de privilège aux Eglises de Vienne (¹), d'Embrun (²), d'Arles (³) et de Viviers (⁴), il indiquait à ses successeurs

---

(¹) 1146, Jo. à Bosco, *Bibliotheca Floriacensis, Viennæ Sanctæ ac senatoriæ antiquitates*, 81. — Bréquigny, *Table des diplômes*, III, 111.

(²) 1147, Valbonnais, *Histoire du Dauphiné*, I, 88.—Guichenon, *Bibliotheca Sebusiana*, 13.

(³) 1144, Ficker, *Vom Reichsfuerstenstande* (Innsbrück, 1861, in-8°), 305.

(⁴) 1149, Vaissette, *Histoire du Languedoc* (nouvelle édition in-4°), IV, 898 ; III, 772. — Cf. Colombi, *Episcopi Vivarienses* (1668), 110. — de Gallier, *la Baronnie de Clérieu* (Lyon, 1873, in-8°), 25.

une ligne de conduite qu'ils devaient suivre longtemps, jusqu'à ce que la lutte entre Innocent IV et Frédéric II obligeât la politique impériale à chercher un autre point d'appui.

En même temps, Conrad tournait son attention vers les seigneurs laïques qu'il jugeait accessibles à son influence. On l'a vu soutenir la cause de la maison de Baux en Provence. Quelques années plus tard, il prodigue ses faveurs à un seigneur du Dauphiné, Silvion de Clérieu, vassal du comte d'Albon et de l'abbé de Romans; en 1151, Conrad le déclare prince de l'Empire et affranchi de toute vassalité autre que celle de l'Empereur; en même temps, il lui concède des péages sur le Rhône et l'Isère (¹).

Conrad n'eut pas le temps de recueillir le résultat de cette politique. D'ailleurs, sous son règne comme au temps de ses prédécesseurs, beaucoup d'entre les grands du royaume d'Arles se montraient fort peu respectueux de la puissance impériale, presque partout affaiblie au point d'être oubliée (²).

_____

(¹) A la Voûte et à Confolens, Valbonnais, I, 89. — Giraud, *Essai historique de l'Abbaye de Saint-Barnard et sur la Ville de Romans* (Lyon, 1856-1869, 5 vol. in-8°), 208.

(²) Cet état de choses avait été constaté dans une lettre écrite, en 1132, par l'Empereur Lothaire à l'Archevêque d'Arles. — Martène, *Amplissima collectio*, I, 717 et suiv.

III

A peine élu roi des Romains (¹), Frédéric Barberousse entreprit de ramener à l'Empire les provinces qui n'y étaient rattachées que par ce lien si faible. Pour atteindre ce but, il crut bon de recourir au procédé, déjà employé sans grand succès, qui consistait à former de la Bourgogne cisjurane et transjurane une sorte de royauté confiée à un représentant du pouvoir impérial (²). L'empereur Lothaire en avait donné l'exemple lorsqu'en 1127 il avait concédé à Conrad de Zaehringen le rectorat des deux Bourgognes (³). C'est encore à Berthold de Zaehringen, successeur de Conrad, que s'adresse, en 1152, Frédéric Barberousse. Il lui concède, pour les gouverner en son absence, les terres de Bourgogne et de Provence, et s'oblige à entreprendre une

---

(¹) Ligurinus, énumérant les seigneurs qui prirent part à cette élection, dit : « Allobrogumque duces coeunt. » Ligurinus, lib. I. — *Veterum scriptorum qui Cæsarum et Imperatorum Germanicorum res per aliquot sæcula gesta literis mandarunt tomus unus.* (Francfort, in-4°, 1684), 281.

(²) Aux dissertations spéciales que nous citons, on peut joindre, pour l'étude de la politique de Barberousse, Zeller, *Histoire d'Allemagne*, t. IV ; Prütz, *Kaiser Friedrich I*, (Dantzig, 1871-1874, 3 vol. in-8°); Giesebrecht, *Die Zeit Kaiser Friedrichs des Rothbarts*, I (Braunschweig, 1880, in-8°).

(³) Sur cette tentative, voir de Gingins, *op. cit.*

expédition pour mettre la maison de Zaehringen en possession de ces domaines, où les précédents recteurs n'avaient exercé qu'une autorité nominale ([1]).

En échange de ces concessions, Berthold promet à l'Empereur de lui amener un fort contingent lors des expéditions qu'il projette de diriger contre ses ennemis d'Italie. Le traité réserve la situation des archevêques ou évêques, vassaux immédiats de l'Empire, qui doivent garder le privilège de dépendre, sans intermédiaire, de la couronne impériale.

Frédéric avait eu raison de penser que, pour soumettre la Bourgogne, il la faudrait intimider par un appareil militaire. En vain se montra-t-il à Besançon, en février 1153, pour y inaugurer le régime nouveau et y accorder sa protection à quelques églises de la Comté ([2]). Faute d'une armée suffisante, il ne put assurer à son représentant que l'apparence du pouvoir ([3]); au mois de mars, il avait déjà quitté la Bourgogne pour se rendre à Constance. Cependant, quelques mois plus tard, à Worms, il recevait l'hommage de Silvion de Clérieu, auquel il confirmait sa qualité de vassal immédiat de l'Empire ([4]). A la cour de l'Empereur figurait alors un

---

([1]) Bouquet, XVI, 684. — Pertz, *Leges*, II, 91.

([2]) Notamment au chapitre de Besançon. Cf. Hüffer, *das Verhaeltniss des Koenigreiches Burgund zu Kaiser und Reich, besonders unter Friedrich* I (Paderborn, 1874, in-8°), 30.

([3]) *Annales Laub.*, Pertz, *Script.*, IV, 23.

([4]) de Gallier, *la Baronnie de Clérieu*, 26. — Ce second diplôme ne reproduit pas le titre de prince que le diplôme de 1151 attribuait à Silvion.

autre seigneur du Dauphiné, Guigues de Domène, cité
parmi les témoins du diplôme accordé à Silvion de
Clérieu([1]). Enfin, en 1154, un diplôme de Frédéric
donne à l'évêque de Saint-Paul-trois-Châteaux l'investiture de son temporel ([2]).

Bientôt la première expédition de Frédéric en Italie
affirma la puissance du jeune Empereur. C'est le moment que choisit, pour faire acte de soumission à
l'Empire, un des plus puissants seigneurs du royaume
d'Arles, Guigues V, dauphin, comte d'Albon. Il se rendit au camp impérial, non loin de Turin, pour s'y acquitter de ses devoirs féodaux. En échange de cette reconnaissance, il obtint de Frédéric la confirmation de
tous les droits et privilèges que lui et ses prédécesseurs
tenaient de l'Empire ; Frédéric y ajouta la concession
d'une mine d'argent à Ramas et le droit de battre monnaie
à Sezanne ([3]). A côté de l'Empereur se tenait le nouveau
vice-roi de Bourgogne, Berthold de Zaehringen, qui saisit
l'occasion d'user de son pouvoir jusqu'alors inutile. Il
céda à Guigues tous les droits qui pouvaient lui appar-

([1]) Cf. *Cartulaire de Domène* (Lyon, 1859, in-8°), 37.

([2]) *Gallia Christiana*, XI, *Instrum.*, 120. — de Pisançon,
l'Allodialité dans la Drôme (Valence, 1874, in 8°), p. 251.

([3]) Les originaux de ces actes se trouvent aux *Archives de l'Isère*,
B. 3162. — Valbonnais, I, 93. — H. Morin-Pons : *Numismatique
féodale du Dauphiné* (Paris, 1854, in-4°), 53. — Huilhard-Bréholles :
Historia diplomatica Friderici secundi, 186. — Ces diplômes,
qui considèrent comme *regalia* le droit de battre monnaie,
appliquent des principes de droit public que devait peu après
sanctionner la diète de Roncaglia. *Libri feudorum*, II, 56.

tenir sur la ville de Vienne, et lui promit son concours pour écarter les prétentions du comte Guillaume de Mâcon sur la vieille cité romaine (¹). Cette concession, émanée d'un pouvoir que nul ne reconnaissait dans le royaume d'Arles, devait plus tard servir de fondement aux droits que réclamèrent les dauphins dans leur longue lutte contre les archevêques de Vienne. La conduite de l'Empereur, qui ratifia cet acte, paraît d'autant plus étrange que, deux ans auparavant, il avait reconnu les droits régaliens accordés à l'Eglise de Vienne par le roi Rodolphe de Bourgogne (²), et qu'il devait en renouveler, deux ans plus tard, en 1157, la solennelle confirmation.

Cependant Frédéric, après avoir reçu la couronne impériale, à Rome, des mains du Pape Adrien IV, revenait en Allemagne tout rempli de l'idée qu'il avait reçu la mission de relever l'Empire et de soumettre le monde à l'héritier des Césars. Il lui fallait avant tout, pour réaliser ces projets, ressaisir dans le royaume d'Arles la puissance que Berthold de Zaehringen n'avait su lui re-

---

(¹) Valbonnais, II, 255.

(²) S'adressant à l'archevêque Hugues et à Guillaume, doyen du Chapitre, l'Empereur leur confie la garde de la Ville : « Viennam cum omni integritate sua committimus, Pupetum videlicet, Canales, palatium et cætera ad ejusdem civitatis dignitatem pertinentia. Præfata enim civitas regiæ cathedræ excellentia nullum præter nos debet habere possessorem : sed quamdiù absumus, ipsam per ejusdem loci archiepiscopum et per cathedrales canonicos custodire oportet..... omnem laicalem personam a dominio supradicte urbis excludimus. » Valbonnais, I, 138. — Cf. Chevalier, *Cartulaire de Saint-André-le-Bas* (Lyon, 1869, in-8°), *Appendix Chartarum Viennensium*, p. 292.

conquérir. En 1156, Frédéric crut atteindre son but en épousant Béatrice, l'héritière des comtes de Bourgogne. Après qu'il a dédommagé Berthold de Zaehringen (¹), c'est l'Empereur lui-même qui prend en main les affaires

---

(¹) Ottonis Frisingensis, *Gesta Friderici Imperatoris*, dans Pertz, *Scriptores*, XX, 413. — Otton s'exprime ainsi : « Recenter ab Imperatore, sicut cognovimus, eo tenore decisa est (controversia), quod Bertholdus prædicti Conradi filius in negocii transactionem tres civitates inter Jurum et montem Jovis, Losannam, Gebennam et N. accepit, cæteris omnibus imperatrici relictis. Protenditur enim hæc provincia pene a Basilea, id est a castro quod Mons Biliardi vocatur, usque ad Isaram fluviam....., junctam habens dominatui suo eamdem terram quæ proprie Provincia vocatur........ Imperator..... non solum Burgundiam, sed et Provinciam imperio jam diu alienatas sub uxoris titulo, ut postmodum plenius dicetur, familiariter possidere cæpit. » — D'après la *Continuatio San-Blasiana*, les trois évêchés sont Lausanne, Genève et Sion : Frédéric, qui avait arraché à Berthold une renonciation au royaume de Bourgogne, lui accorda l'*advocatia* de ces trois sièges, *cum investitura regalium*. Pertz, *Scriptores*, XX, 314. — En 1162, le duc Berthold perdit l'avouerie de Genève : l'évêque redevint, en effet, vassal immédiat de l'Empire. L'avouerie de Sion fut cédée, en 1157, par Berthold au comte Humbert de Maurienne ; mais, en 1189, la maison de Savoie dut, à la suite de démêlés avec l'Empereur, renoncer à la suzeraineté du Valais, et Sion se retrouva ainsi sous la dépendance immédiate de l'Empire. Seul le siège de Lausanne demeura jusqu'en 1218 sous la domination nominale des Zaehringen. On peut consulter sur ce point : de Gingins, *le Rectorat de Bourgogne*, 71 et suiv. — Ficker, *Vom Reichsfuerstenstande*, nᵒˢ 210 et suiv. —Hüffer (*op. cit.*, p. 73).—On trouvera une description poétique du royaume d'Arles dans un poète contemporain dont l'authenticité, longtemps méconnue, a été récemment constatée par plusieurs critiques, notamment par M. Gaston Paris : *Dissertation critique sur le Poëme latin du Ligurinus* (Paris, 1872, in-8°). Voir p. 353 de l'édition citée plus haut.

de ces vastes domaines , s'étendant de Montbéliard
à l'Isère, et qui se propose de faire respecter son
pouvoir jusqu'aux rivages de la Provence. C'est lui-
même qui, en 1157, convoque les grands du royaume
à Besançon, où il veut déployer les magnificences
de la Cour impériale. Quand vient l'automne, il se
dirige vers cette ville, accompagné de sa femme Bea-
trice. A Arbois, le 19 octobre 1157, il rend un diplôme
par lequel il confirme et augmente les privilèges de
l'Eglise de Lyon et confère à l'archevêque l'investiture
de la portion de son temporel située sur la rive gauche
de la Saône, c'est-à-dire dans les terres d'Empire (¹).

***

(¹) Ce diplôme est parfois cité sous le nom de Bulle d'Or. Il con-
tient le passage suivant : « Concessimus....., totum corpus civitatis Lugdunensis, et omnia jura regalia per omnem archiepisco-
patum ejus citra Ararim.....; sit illa civitas Lugdunensis et totus
episcopatus liber ab omni extranea potestate, salva per omnia im-
periali justitia....., cæterum, ut Lugdunensis ecclesia dominum
suum imperatorem Romanum recognovisse semper exultet et gau-
deat, archiepiscopum ejus ampliori et eminentiori prærogativa digni-
tatis quæ a nostra excellentia esse possit nova et gratuita pietate
investivimus, ut sit semper videlicet sacri palatii nostri Burgundiæ
gloriosissimus exarchon et summus princeps consilii nostri. »
Gallia Christiana, IV, *Instrum.*, 17. — La bulle est souscrite
ainsi : « Ego Reinaldus cancellarius, vice Stephani Viennensis archiepiscopi et archicancellarii recognovi. » On avait donc tenu
compte de la dignité conférée à l'archevêque de Vienne. Il n'en fut
pas toujours ainsi ; on ne s'attache pas à exiger la souscription du
chancelier du royaume d'Arles pour les diplômes concernant ce
royaume. Voyez, par exemple, le diplôme de 1162 accordé par
Frédéric à l'abbaye de Savigny : « Ego Ulricus, cancellarius, vice
Rainaldi Coloniensis electi et archicancellarii recognovi. » *Gallia
Christiana*, IV, *Instrum.*, 18. — Hüffer, *Die Stadt Lyon*, 879-1312
(Münster, 1878, in-8º), p. 43. — Cf. Ficker, *op. cit.*, nº 212.

Arrivant à Besançon, il y trouve réunis un grand nombre de seigneurs du royaume de Bourgogne qui, chose
jusqu'alors inconnue, avaient répondu à l'appel de
l'Empereur. A leur tête figuraient : Etienne, archevêque
de Vienne, auquel la faveur impériale avait accordé,
pour lui et ses successeurs, le titre d'archichancelier du
royaume de Bourgogne ; puis Héraclius, archevêque
de Lyon ; Humbert, archevêque de Besançon ; l'archevêque de Tarentaise, les évêques de Valence et d'Avignon, des délégués de l'archevêque d'Arles et de
tous les autres archevêques et évêques (¹). On voyait
auprès d'eux le fidèle Silvion de Clérieu, qui, l'année
suivante, devait accompagner l'Empereur à la diète
de Roncaglia (²) ; en outre, des personnages venus
de tous les points de l'Empire d'Occident. La Ville éternelle, la France, la Toscane, l'Apulie, l'Espagne et Venise
y avaient envoyé leurs représentants ; aussi, dans un
élan d'enthousiasme, le biographe de Frédéric s'écrie
que « toute la terre, remplie d'admiration pour la clémence et la justice de l'Empereur, touchée à la fois de
crainte et d'amour, s'efforçait de combler son héros de
louanges nouvelles et de nouveaux honneurs » (³). L'historien qui cherche à saisir la vérité sous ces exagérations
poétiques constate que la politique suivie par les premiers
Hohenstaufen portait ses fruits. Frédéric pouvait maintenant s'appuyer sur le haut clergé, dont les membres les
plus éminents se pressaient autour de lui ; les diplômes

(¹) Otto Frising., dans Pertz, *Scriptores*, XX, 423.

(²) de Gallier, *la Baronnie de Clérieu*, 27 et 28.

(³) Otto Frising., dans Pertz, *Scriptores*, XX, 423.

d'immunité et les confirmations de privilèges qu'il accorda à cette occasion manifestèrent hautement la reconnaissance impériale. Outre le diplôme accordé à l'Église de Lyon, il faut citer l'acte par lequel l'Empereur conférait à Étienne, archevêque de Vienne, la dignité d'archichancelier du royaume de Bourgogne (¹), et les diplômes concédés aux évêques de Valence (²) et d'Avignon (³).

IV

Un événement qu'avaient pu prévoir les témoins de la diète de Besançon, devait bientôt compromettre le résultat obtenu par la sage conduite de Frédéric et soumettre à une rude épreuve l'alliance de l'Empereur et du clergé dans le royaume d'Arles.

A cette même diète, à l'occasion d'un dissentiment léger en apparence, l'un des légats du Pape, le cardinal

---

(¹) « Tibi Stephano dilectissimo nostro dignitatem ab antecessoribus collatam conservantes, recognoscimus videlicet ut in regno Burgundiæ sacri palatii nostri cancellarius et summus notariorum semper existas. » *Bibliotheca Floriacensis, Viennæ sanctæ ac senatoriæ antiquitates*, 87 et 88. — Le Lièvre, *Histoire de l'antiquité et sainteté de la ville de Vienne* (1623, in-8º), 346 et 347. — Chevalier, *Chronique des Archevêques de Vienne* (Académie Delphinale, Documents inédits, II, 5, 29).

(²) *Gallia Christiana*, XVI, *Instrum.*, 103.

(³) *Gallia Christiana*, I, *Instrum.*, 142. — L'histoire du Languedoc signale à cette époque un diplôme de Barberousse en faveur des habitants de Viviers. Dom Vaissette, IV, 898.

Roland, s'était animé jusqu'à répondre à Barberousse :
« De qui donc l'Empereur tient-il la couronne, si ce
n'est du Pape ? » Sans doute, il ne faisait que rappeler
ainsi la constitution théorique de l'Europe :

« Un édifice avec deux hommes au sommet, »

le Pape, vicaire du Christ, ayant en mains le glaive spirituel ; et, sur les marches du trône pontifical, l'Empereur,
portant le glaive temporel par l'Eglise et pour l'Eglise.
Barberousse, très jaloux des droits de l'Empire, très peu
disposé à partager la toute-puissance, goûta médiocrement
la leçon de droit public que prétendait lui donner Roland:
il y répondit par le renvoi des légats et la publication
d'un manifeste où il déclarait ne tenir l'Empire que de
Dieu. La lutte s'envenima quand, après la mort du pape
Adrien IV, l'ancien légat de Besançon, le cardinal Roland, devint pape sous le nom d'Alexandre III. L'Empereur n'avait rien négligé pour obtenir l'élection d'une
de ses créatures, déclarant qu'il ne reconnaîtrait qu'un
pape favorable à l'Empire. Déçu dans son attente, il
n'en proclama pas moins son protégé Octavien sous le
nom de Victor IV, et convoqua à Pavie un concile qui,
sous prétexte de pacifier l'Eglise, devait assurer l'exécution des volontés impériales.

Le pseudo-concile se réunit en 1160. Il ne comprenait
que quarante-quatre évêques, tous d'Allemagne et d'Italie : on sait que l'Eglise universelle demeura fidèle au
pape légitime. Quoique sujets de l'Empereur, les évêques du royaume d'Arles s'abstinrent pour la plupart
de se rendre au concile. Cependant, à en croire les
documents de source favorable à Barberousse, sans
s'associer par leur présence aux délibérations du concile

qui acclamait l'antipape, ils se gardèrent de protester ouvertement contre les décisions de l'assemblée : aussi les Impériaux purent-ils se vanter d'avoir obtenu leur adhésion. D'après les partisans de Frédéric, l'archevêque de Vienne avec ses suffragants, les archevêques d'Arles, de Lyon et de Besançon auraient reconnu Victor IV (¹). L'Empereur lui-même écrit, non sans orgueil, que la Provence et la Bourgogne le soutiennent fidèlement dans sa lutte contre le pape Alexandre (²) : il en répand partout la nouvelle, afin de décourager la résistance de ceux des évêques allemands ou italiens qui s'obstinent à défendre le pape légitime (³).

Avec quelque défiance qu'il convienne d'accepter les affirmations intéressées de Frédéric et de ses amis, il demeure certain que plusieurs évêques du royaume d'Arles (dont il est impossible de déterminer le nombre) se rangèrent au parti de l'Empereur. En 1161, l'archevêque de Vienne, Etienne, figurait à un nouveau synode schismatique qui se tint à Lodi (⁴). Parmi les

---

(¹) « Arelatensis, Viennensis, Lugdunensis, Bisuntinus per litteras et per nuncios consenserunt. » Bouquet, XVI, 688. — L'archevêque de Lyon et ses suffragants se rallièrent à Frédéric. Robertson, *Materials for the history of Thomas Becket*, V, 31.

(²) « Comes Provinciæ et Burgundia (Victori antipapæ) obediunt.» Lettre de Frédéric au Patriarche d'Aquilée. Goldast, *Constitut. Imperial*, I, 275. — Cf. Bouquet, XVI, 687, note *a*.

(³) Cf. Pertz, *Scriptores*, XX, 486; *Leges*, II, 125. — Les archevêques de Besançon, d'Arles, de Lyon et de Vienne, avec leurs suffragants, auraient, d'après ce document, adhéré au synode schismatique de Pavie, en 1160.

(⁴) Muratori, *Rerum Italicarum Scriptores*, VI, 1089.

plus ardents défenseurs de Barberousse, il faut citer l'évêque de Grenoble Geoffroi, dont un diplôme (¹) loue le zèle ardent pour la cause impériale.

Il était bon d'être du parti du maître; la destruction de Milan, en 1162, montra par un terrible et retentissant exemple combien il en coûtait d'encourir sa colère. Enivré de sa victoire et de sa vengeance, Frédéric se rapprocha du royaume de Vienne. D'abord il se réconcilia avec le jeune comte de Provence, Raymond-Bérenger, et son tuteur le comte de Barcelone, contre lesquels l'Empereur avait jusqu'alors appuyé sans succès les prétentions de la famille des Baux. Raymond dut reconnaître qu'il tenait la Provence en fief de l'Empire et se soumettre à l'obédience de Victor IV : à ce prix il obtint la main de Richilde, nièce de l'Empereur, et reçut l'investiture des comtés de Provence et l'hommage du comté de Forcalquier (²). Puis, pénétrant en Bourgogne par

---

(¹) Daté de Lodi, 1161, et souscrit par l'archevêque de Vienne, Etienne, et l'évêque de Cavaillon. — Hüffer, *op. cit.*, p. 42. — Cf. *Annales des Chartreux*, manuscrit de la Bibliothèque de Grenoble, p. 158.

(²) Diplôme de Frédéric, daté de Turin, 18 août 1162, *post destructionem Mediolani*. — L'Empereur donne en fief à Raymond le comté de Provence, de la Durance à la mer et des Alpes au Rhône, *cum omnibus pertinentiis et juribus suis, pertinentibus ad regale seu imperiale servitium......*, la cité d'Arles et ses *regalia*, l'hommage du comté de Forcalquier. *Monumenta Historiæ Patriæ, Leges municipales*, 42-44; Martène, *Amplissima Collectio*, I, 861. — L'évêque de Die fut témoin de cet acte. L'Empereur rétablit, en 1174, le comte de Forcalquier dans sa qualité de vassal immédiat de l'Empire, l'affranchissant de la suzeraineté du comte de Provence. (Pertz, *Leges*, II, 144). Ce document est publié par Guichenon qui le date à tort de 1164. *Bibliotheca Sebusiana*, 67.

Dôle, l'Empereur arriva vers la fin du mois d'août à Saint-Jean-de-Losne. Il y avait convoqué les évêques et les grands de ses Etats (¹) et avait espéré y attirer Alexandre III et Louis VII : sans doute il se flattait de rallier à son parti le roi de France et d'obtenir l'abdication d'Alexandre. Le Pape se garda d'obéir à la convocation de l'Empereur : quant à Louis VII, on sait qu'après de longues hésitations, il prit le parti de décliner l'entrevue (²). Parmi les prélats qui obéirent à l'appel de Frédéric, on peut citer les archevêques de Lyon, de Vienne, de Besançon et d'Embrun, les évêques de Grenoble, de Gap, de Viviers et d'Avignon (³). A l'occasion de cette diète, l'Empereur rendit quelques actes en faveur de diverses églises de Bourgogne (⁴), et pour terminer un différend qui divisait l'évêque de Genève Arducius et l'ancien recteur de Bourgogne, Berthold de

---

(¹) Voir la lettre adressée à l'archevêque de Lyon. L'Empereur y marque en même temps son projet de visiter Lyon. Pertz, *Leges*, II, 134.

(²) Le comte Henri de Champagne, qui s'était porté garant envers l'Empereur de la venue du Roi, paya le mécompte de Frédéric, auquel il dut faire hommage de quelques-uns de ses châteaux. Huilbard-Bréholles, *Historia diplomatica Frederici secundi*, I, 269. — Cf. du Cange, *Dissertations sur l'histoire de saint Louis* (Ed. Didot), p. 57.

(³) Voir les souscriptions du diplôme accordé à l'évêque de Genève, le 7 septembre 1162. Spon, *Histoire de Genève* (Genève, 1730, in-4°), II, Preuves, 30.

(⁴) Privilège accordé à l'abbaye de Savigny ; décision en faveur de l'abbaye de Baume les-Dames. — A. Bernard, *Cartulaires de Savigny et d'Ainay* (édition des documents inédits).., I. p. 91. — *Gallia Christiana*, IV, *Instrum.*, 18.—Hüffer, *Das Verhaeltniss*, 44.

Zaehringen, il déclara que l'Eglise de Genève relevait sans nul intermédiaire de la couronne impériale (¹). Berthold était, par cette décision, privé de l'avouerie de Genève, qui lui avait été concédée jadis avec les avoueries de Lausanne et de Sion, comme une compensation pour la perte du rectorat de Bourgogne ; il fut encore outragé dans la personne de son frère Raoul, dont Frédéric refusa de ratifier l'élection au siège archiépiscopal de Mayence. Aussi se tourna-t-il vers le roi de France, protecteur naturel des mécontents de l'Allemagne, et lui offrit-il ses services personnels contre l'Empereur, « destructeur acharné des églises et des lois » (²). Combattre l'Allemagne en profitant de ses divisions était jadis la politique traditionnelle de la France : il faut remarquer que de bonne heure les Allemands s'y prêtèrent en recourant dans leurs querelles à l'intervention de l'étranger.

Si mesquins que fussent, pour la politique extérieure de l'Empire, les résultats de l'assemblée de Saint-Jean-de-Losne, il restait qu'elle avait permis de constater l'autorité considérable de Frédéric dans le royaume de Bourgogne. Les évêques se ralliaient à son parti ; le

---

(¹) V. plus haut, page 14, note 1. — L'évêque de Genève, Arducius, soutenu par l'antipape, se plaignit : « quod dux de Ceringe et comes Gebennensis episcopatum invaserint et regalia omnia injuste sibi abstulerint. » L'Empereur décide : « quod post nostram majestatem nullus habeat dominium in Ecclesia Gebennensi, nisi solus episcopus. » *Mémoires et documents de la Société d'histoire et d'archéologie de Genève*, I, 347 et suiv. — Hüffer, *Das Verhaeltniss...*, 75.

(²) Bouquet, XVI, 34.

Dauphin et le comte de Savoie lui avaient rendu hommage, et peu de temps après la Diète, en 1164, c'est à l'Empereur que Giraud de Grignan demande l'investiture des seigneuries que possédait sa maison (¹). Fort heureusement pour la France, Frédéric ne sut pas consolider cette influence, et bientôt il recueillit les fruits amers d'une politique qui mettait les évêques du royaume d'Arles en lutte ouverte avec leur conscience ou leur intérêt.

V

Lorsque, le 19 mai 1163, Alexandre III ouvrit les conciles de Tours, il put voir à ses côtés les archevêques de Lyon et de Vienne (celui-ci nouvellement élu par les voix du chapitre) (²), et la plupart des

---

(¹) Nadal, *Essai historique sur les Grignan* (Valence, 1858, in-8°), p. 26.

(²) Il est certain, d'après une épitaphe, que l'archevêque de Vienne, Etienne, était mort en 1163 (Chorier, *Antiquitates Viennenses,* III, 24). — D'autre part, l'archevêque Guillaume ne fut investi des régales par l'Empereur que le 1er août 1166. Souscrivirent au diplôme d'investiture trois prélats du parti de l'antipape : Herbert, archevêque de Besançon, qui fut légat impérial ; Druon, archevêque de Lyon, et Arducius, évêque de Genève (J. à Bosco, *op. cit.,* 88-89). — Ce Guillaume est-il bien le même prélat qui, élu en 1163, prit part au Concile de Tours ? Et, s'il en est ainsi, quelles circonstances peuvent expliquer et excuser les variations de sa conduite ?

évêques des provinces (¹) de Lyon, de Vienne et de Tarentaise. Ainsi, le haut clergé abandonnait l'Empereur, et le signal de la défection était donné par l'archichancelier du royaume d'Arles. Peut-être cette conduite nouvelle avait-elle été encouragée par l'attitude du roi de France, décidément favorable au pape légitime ; en tout cas, elle imposait à Frédéric la nécessité de faire la guerre, non plus seulement au Pape, mais encore au clergé fidèle.

L'Empereur avait réussi à écarter du siège de Besançon l'archevêque Gautier, et l'avait remplacé par une de ses créatures, Herbert, dont il·fit un légat de la cour impériale en Bourgogne (²). A Grenoble, l'évêque Geoffroy, ardent partisan de l'Empereur, avait été déposé par Alexandre III et remplacé par Jean de Sassenage ; mais, grâce à la protection du gouvernement delphinal, Geoffroy s'était maintenu sur son siège en dépit de·la sentence qui l'avait frappé.

Ce n'était point seulement aux évêques fidèles, c'était au clergé régulier que s'attaquaient les Impériaux. Leurs efforts pour attirer à leur cause les religieux des

---

(¹) Bouquet, XII, 332. — En 1164, l'Empereur investit de son temporel l'évêque Pierre de Marseille, qui lui rend hommage à Parme. Huilhard-Breholles, *Historia diplomatica Frederici secundi*, II, 250. — Hüffer, *Das Verhaeltniss...*, 47 et 108.

(²) *Gallia Christiana*, XV, c. 49. — Cet Herbert fut *legatus aulæ imperialis*, et s'occupa vraisemblablement beaucoup plus des affaires de l'Empereur que de celles de son diocèse. Il portait le titre de légat dès 1167. Après sa mort, en 1178, on trouve un Daniel décoré du titre de *legatus domini imperatoris in Burgundia*. — Cf. Hüffer, *op. cit.*, 64.

divers ordres, n'obtinrent guère de succès ([1]). Une
mesure énergique d'Alexandre III, qui déposa l'abbé
Hugues, ramena le monastère de Cluny à l'obédience du
pape légitime ([2]). Le prieur de la Grande-Chartreuse,

([1]) Les schismatiques n'épargnèrent pas les tentatives ; mais,
Chartreux, Cisterciens, moines de Cluny, finirent par se rallier à la
cause d'Alexandre (Voir une appréciation un peu différente dans
Giesebrecht, *Die Zeit Kaiser Friedrichs des Rothbarts*, 260).

([2]) Lettre d'Alexandre III, dans Martène, *Amplissima Collectio*,
II, 660-663. — Dans une lettre adressée à l'évêque de Londres,
Gilbert Foliot, l'abbé Hugues excuse les faiblesses de sa conduite et
se défend d'avoir adhéré à l'antipape. Cette justification ne parut
pas suffisante à Alexandre. Hugues s'exprimait ainsi : « Audistis
carissime, quod in partem Octaviani declinaveramus, et conturbata
sunt viscera vestra. Sed non turbetur cor vestrum, quoniam nun-
quam ei adhæsimus, nec ad preces, nec ad promissa, terrores et
blandimenta imperatoris vel ad modicum adquievimus. Concilio ejus
quod celebravit Papiæ nec propter amorem imperialem interesse
voluimus. In confinio regni et imperii sumus. Alemannia, Hunga-
ria, Rossia, Lothoringia, Burgundia trans Ararim, Provincia, Italia
ex maxima parte, Lugdunensis provincia cum imperatore obediunt
domino Octaviano. Minatur imperator se nobis ablaturum omnia
quæ habemus in imperio ejus nisi consentiamus ei. Comes Matisconensis, qui juravit in verba imperatoris et in cujus sumus potestate, extentum tenet gladium suum super cervices nostras. Lugdunensis cum suffraganeis suum parat jaculari anathema in caput
nostrum. Domini cardinales qui sunt in regno nobis maledictionem
suam, non benedictionem, promittunt. Reges Francorum et An-
glorum minantur se exterminaturos omnia nostra in regnis eorum
posita, nisi domino papæ Alexandro obediamus. Ex duabus integra-
libus partibus constat corpus Cluniacensis ecclesiæ ; altera est in
imperio, altera in regnis ; quamlibet amittamus, væ nobis ! Angustiæ
nobis undique, quemadmodum et Suzannæ. » Robertson, *Materials
for the history of Thomas Becket*, dans la collection des *Rerum
Britannicarum Scriptores*, V, 31. — Cette lettre peint bien les
craintes et les hésitations qui durent, au début du schisme, assaillir
les prélats du royaume d'Arles.

Anthelme, plus tard évêque de Belley, maintint ses religieux dans le devoir ([1]). Cette fidélité était périlleuse : beaucoup de Cisterciens que les schismatiques n'avaient pu gagner furent expulsés de leur monastère, en punition de leur fidélité ([2]).

Néanmoins, le haut clergé du royaume d'Arles, à l'exception d'un certain nombre de prélats, ne cédait ni aux prières, ni aux menaces. En 1164, à son retour d'Italie, le chancelier de Frédéric, Rainaud de Dassel, vint dans le royaume pour y servir la cause de son maître. Il convoqua, à Vienne, les archevêques du pays, afin de les déterminer à reconnaître l'antipape et à fournir des soldats à l'Empereur ; mais il ne recueillit que la manifestation de sentiments hostiles, et peu s'en fallut que l'assemblée ne lançât publiquement l'anathème contre l'antipape Pascal, successeur de Victor IV ([3]). En vain l'Empereur exilait les moines fidèles et comblait de faveurs les prélats schismatiques, il n'obtenait qu'une indifférence déguisant à peine l'opposition. Un partisan dévoué d'Alexandre III organisait la résistance : le saint archevêque Pierre de Tarentaise parcourait le royaume de Bourgogne, raffermissant le courage des faibles, dénonçant et excommuniant les schismatiques, s'attirant ainsi la haine des évêques qui s'étaient ralliés au parti impérial. Herbert de Besançon le signale à la colère de l'Empereur ; mais

---

([1]) *Vita S. Anthelmi Bellicensis episcopi,* Acta Sanctorum, juin, V.

([2]) *Vita S. Petri Tarantasiensis,* Acta Sanctorum, mai, II, 320.

([3]) Bouquet, XVI, 221. — Cf. Une lettre adressée à saint Thomas Becket, dans Robertson, *Materials for the history of archbishop Thomas Becket,* V, 120.

Pierre ne craint pas de s'adresser directement à Frédéric qu'il va visiter à Besançon pour lui demander de mettre un terme aux maux dont souffre l'Eglise, et Barberousse, sans déférer aux conseils du prélat, respecte son indépendance et l'entoure d'honneurs. Tandis que le peuple de Besançon rendait à Pierre les hommages les plus empressés, l'intrus Herbert mourait, comme frappé par la main divine, d'une mort qui émut vivement l'imagination populaire (1).

VI

En tous cas, le plus clair résultat de la guerre religieuse était, dans le royaume d'Arles comme ailleurs, de développer des germes de mécontentement contre le pouvoir impérial. Or, multiplier les mécontents, c'était multiplier les amis et les partisans du roi de France. Déjà les ennemis de Frédéric en Allemagne s'étaient tournés vers Louis VII, suivant l'exemple que leur avait donné Berthold de Zaehringen (2). A plus forte raison, le clergé fidèle du pays Burgonde s'habituait à voir un protecteur dans la personne du monarque qui soutenait la cause de l'Eglise romaine.

---

(1) « Herbertus quidam Chrysopolitanæ Ecclesiæ incubator præ cæteris insistebat. » *Vita S. Petri Tarantasiensis*, loc. cit., 330.

(2) Voir les lettres du duc de Bavière et du landgrave de Thuringe, Bouquet, XVI, 42.

Au printemps de l'année 1163, Louis VII était venu en Auvergne pour y prendre la défense du chapitre de Brioude contre ses voisins féodaux. Le comte de Forez, Guigues, lui adressa, à cette occasion, une lettre où il s'étonne de n'avoir pas été invité à rejoindre le roi son seigneur : « Je me serais déjà rendu à votre camp, ajoute-t-il, si le comte Gérard de Mâcon et les schismatiques de Lyon n'avaient attaqué ma terre à main armée. Non seulement ils tentent de me dépouiller de mon héritage, encore veulent-ils conquérir, pour l'Empire allemand, mon comté qui relève de votre couronne... Daignez donc, mon seigneur et mon roi, pourvoir à votre honneur et à mon salut (¹). » Déjà le comte Gérard de Mâcon (²), cousin de l'impératrice Béatrice, s'essayait au rôle qu'il devait remplir pendant quelques années, en groupant sous sa direction les partisans du schisme et de l'Empereur. Louis VII était devenu son ennemi naturel dès le jour où il avait pris une attitude nettement hostile à l'égard de l'antipape et des schismatiques.

La lettre du comte de Forez détermina le roi de France à s'arrêter à Montbrison au retour de son expédition. Sans doute, cette démonstration effraya pour quelque temps les ennemis de Guigues. En tous cas, le roi profita de son séjour pour trancher une difficulté qui s'était élevée, au sujet de l'avouerie de l'abbaye de

---

(¹) Bouquet, XVI, 48.

(²) « Comes Matisconensis, qui juravit in verba Imperatoris. » Lettre de l'abbé Hugues de Cluny, citée plus haut.

Savigny, entre l'Eglise de Lyon et le comte de Forez ([1]). Peut-être même faut-il placer à cette époque une visite faite par Louis VII aux religieux de la Grande-Chartreuse, qui, plus tard, se montrèrent les partisans dévoués d'Alexandre III et de la France ([2]). L'influence du roi dans le Sud-Est s'accrut encore par les fiançailles de la jeune Dauphine, héritière de la maison d'Albon, avec Albéric Taillefer, fils du comte de Toulouse Raymond V et neveu de Louis VII. Raymond écrivit au roi que le Dauphiné, quoique soumis à la suzeraineté impériale, devenait, grâce à cette union, la porte du royaume de France ([3]).

([1]) Cf. Bernard, *Cartulaire de Savigny*, I, p. xcii — Le roi abolit une charte par laquelle il avait reconnu au comte de Forez l'avouerie de Savigny; Savigny dépend de l'Eglise de Lyon, et, dans une certaine mesure, du sire de Beaujeu. — Cf. Pérard : *Recueil de plusieurs pièces curieuses pour servir à l'histoire de Bourgogne*, 586. — Luchaire, *Histoire des Institutions monarchiques sous les premiers Capétiens*, II, 279.

([2]) Bouquet, XVI, 66. « Ex quo, illustrissime Rex, vestræ Serenitatis sublimitas parvitatem Cartusiensis domus, suam nobis præsentiam exhibendo, visitare dignata est...... » Cette visite pourrait aussi être placée en 1155, époque à laquelle nous savons que Louis VII revint de Compostelle par le Languedoc, et peut-être par le Sud-Est.

([3]) Bouquet, XVI, 70. La promesse de mariage date de la fin de 1163. Vaissette, III, 841, et IV, 224. — Alphonse, frère de Raymond, exerça l'autorité dans le Dauphiné pendant la minorité de la Dauphine. On peut consulter sur ce point, comme sur beaucoup d'autres, l'*Histoire inédite de Grenoble*, par l'abbé Barthélemy (I, ch. 30). — Je dois la communication d'un manuscrit de cette histoire à l'obligeance de M. E. Chaper.

De leur côté, les Impériaux ne demeuraient pas in-
actifs : ils lançaient sur leurs adversaires des bandes de
Brabançons et de Cotereaux qui, devançant les excès
des grandes Compagnies, se livraient à d'affreux bri-
gandages sous prétexte de combattre les partisans
d'Alexandre III et de la France. En 1164, le chancelier
impérial, Rainaud de Dassel, avait tenté de saisir et de
fortifier une position stratégique sur la frontière du
Forez ; nous savons que l'entreprise échoua, grâce au
comte Guigues de Forez. Un abbé de Bourgogne en
transmit la nouvelle au pape qui se trouvait alors à Sens;
Alexandre se hâta d'informer le roi, en lui conseillant
d'agir sans retard, Rainaud ayant apporté à ses partisans de grosses sommes d'argent (¹). La plupart des
Eglises du royaume de Bourgogne étaient alors en lutte
ouverte avec les seigneurs qui soutenaient le parti
impérial, Gérard de Mâcon, Guillaume de Châlon,
Humbert de Beaujeu (²). De toutes parts, les opprimés se
tournaient vers Louis VII et l'abbé de Cluny lui écri-
vait une lettre pressante pour lui demander de porter
secours à la Bourgogne, qu'il disait appartenir au

(¹) Duchesne, *Scriptores*, IV, 622. — Bouquet, XV, 819 (30 juill.
1164). — Voir sur le rôle actif de Rainaud, une lettre de Jean de
Sabisbury, dans *Materials for the history of archbishop Thomas
Becket, Scriptores rerum Britannicarum*, VI, 426.

(²) L'attitude de ce dernier est équivoque. Cf. Bouquet, XVI, 130;
où l'abbé de Cluny le considère comme dévoué au roi de France.
En sens contraire, Bouquet, XVI, 132. — Voir une lettre embar-
rassée écrite par Humbert au Roi, *ibid.*, 135.

royaume de France ([1]). Le roi reprit les armes pour la défense de l'Eglise : en 1166, il parut avec une armée à Châlon pour y faire rentrer dans le devoir les usurpateurs féodaux, et dépouilla de son fief le comte de Châlon.

Ainsi, Louis VII ne craignait pas de faire sentir sa puissance dans la Bourgogne française, en dépit du méconten-

---

([1]) Sur la lutte des églises de Bourgogne contre les seigneurs impérialistes et les Cotereaux, voir Bouquet, XVI, 130, 132 ; sur l'expédition de Louis VII : Bouquet, XII, 131 ; Martène, *Amplissima collectio*, I, 874 ; II, 867 ; Luchaire, *Histoire des Institutions monarchiques sous les premiers Capétiens*, II, 273. — Une lettre de l'abbé Etienne de Cluny à Louis VII, est surtout pressante : « Castellani et milites terræ feruntur quippe in alteros ; sed insanias et mala eorum luunt ecclesiæ, soli pauperes sentiunt : quid sibi jam invicem rapiant non habent ; sed ecclesiæ prædæ eorum et pauperes esca. Incendiis, rapinis, cædibus, consumuntur, devastantur, fædantur omnia. Ad hæc mala, Teutonicorum, quos Brabantiones vocant, immanissima pestis accessit, qui rabidarum more ferarum sanguinem sitientes, loca omnia pervagantur, a quibus quisquam vix tutus esse potest. » Bouquet, XVI, 130. — La lettre suivante, du même personnage, ajoute encore à ces plaintes : « Non sola Francia de vestro regno est, licet sibi nomen Regis specialius sibi retinuerit. Est et Burgundia vestra. Nihil magis illi quam isti debetis...... Emersit nunc in ea (Burgundia), quædam immanissima pestis, gens potius bestias repræsentans quam homines ; pauca quidem numero, sed feritate immanis. Vix enim quadringenti sunt. Ii de Imperio nuper egressi, fines nostros, nemine resistente, pervagantur, non sexui, non ætati, non conditioni alicui, non denique ecclesiæ, non castro aut villæ parcentes. » *Ibid.*, 131. — « Burgundia ista inter nequam et perditos homines omnino deperit. » *Ibid.*, 132. — A l'occasion d'un accord qui avait suspendu pour quelque temps ces luttes des seigneurs contre Cluny, fut rendue une bulle d'Alexandre III. *Bullarium sacri ordinis Cluniacensis* (Lyon, 1680, in-fol.), 74. — Cette bulle doit être datée du 18 juillet 1163.

tement de l'Empereur. En outre, la querelle religieuse lui avait donné le moyen d'intervenir à Lyon, que beaucoup parmi les contemporains considéraient comme une ville d'Empire ([1]). L'archevêque Héraclius était mort en 1163: son élection fut l'occasion d'une lutte acharnée entre les deux partis qui se disputaient l'Eglise. Une première élection désigna l'archidiacre Druon ([2]); mais elle ne tarda pas à être cassée par Alexandre III dont les partisans choisirent l'abbé Cistercien de Pontigny, Guichard, hôte et ami de S. Thomas Becket. Le siège de Lyon était donc livré aux compétitions de deux titulaires : le schismatique, soutenu par les Impériaux et Gérard de Mâcon, et le pasteur légitime, appuyé par la France, le comte de Forez, et peut-être par le sire de Beaujeu.

En dépit des anathèmes d'Alexandre III ([3]), l'archevêque schismatique se maintint pendant plusieurs années en possession du siège de Lyon. En 1166, il est auprès de l'Empereur avec Herbert, archevêque de Besançon, et Arducius, évêque de Genève, que nous avons déjà signalés comme des partisans dévoués de l'anti-

---

([1]) M. Longnon est d'avis qu'à Lyon c'est le Rhône qui, à cette époque, formait la limite entre le royaume et l'Empire. Le comte de Forez, possesseur du comté de Lyon jusqu'en 1173, le tenait certainement du roi. (*Notes explicatives* sur l'édition de Joinville, de M. de Vailly.)

([2]) Druon fut peut-être reconnu seul pendant un certain temps. Il écrivit plusieurs fois à Louis VII. Voir Bouquet, XVI, 88, et *Gallia Christiana*, IV, *Instrum.*, 19. — Cf. Hüffer, *Die Stadt Lyon*, 52.

([3]) Bouquet, XV, 851.

pape (¹). En vain Alexandre III avait-il de ses propres
mains sacré Guichard lors de son séjour à Montpellier,
au mois d'août 1165 (²). En vain le roi de France l'avait
recommandé aux seigneurs voisins, notamment à
Humbert de Beaujeu, qui promit, en termes assez vagues,
de lui faire bon accueil (³). Ce ne fut que le 11 novembre 1167, fête de Saint-Martin d'hiver, que la ville
de Lyon recouvra son évêque légitime (⁴).

Non loin de Lyon, à Grenoble, le schismatique
Geoffroy défiait l'autorité d'Alexandre III, dont il était,
d'après un contemporain, « le plus cruel persécuteur ».
L'intrus était appuyé par le gouvernement delphinal,
que dirigeait le comte de Toulouse, favorable aux Impériaux. Dans une lettre qui doit avoir été écrite au
Latran, le 29 avril 1167, et qui est adressée à l'arche-

(¹) Voir le diplôme accordé par l'Empereur, en 1166, à l'archevêque Guillaume de Vienne, et mentionné plus haut, p. 23, note 2.
Cf. Bouquet, XVI, 130. — Sternfeld, *Das Verhaeltniss des Arelats
zu Kaiser und Reich vom Tode Friedrichs I bis zum Interregnum*
(Berlin, 1881, in-8º), 9.

(²) Bouquet, XVI, 124. — Le sacre eut lieu le 8 août, dimanche
avant la fête de saint Laurent.

(³) Bouquet, XVI, 134 (1166). — Humbert est heureux d'avoir
reçu des nouvelles du roi, son seigneur ; il accueille volontiers la
demande que lui adresse le roi, en ce qui concerne l'archevêque de
Lyon. Ce prélat n'a point encore pénétré dans le pays ; quand il y
viendra, Humbert compte avoir avec lui une entrevue. Le sire de
Beaujeu prie le roi de se mettre en garde contre les bruits calom-
niateurs que répandent ses ennemis. Il semble bien, comme on l'a
dit plus haut, qu'à cette époque l'attitude d'Humbert ait été très
équivoque.

(⁴) Lettres de Jean de Salisbury. — Bouquet, XVI, 578, 580.

vêque de Reims, Henri, frère de Louis VII, Alexandre III
signale les violences du comte de Toulouse, qui oblige
ses sujets ou bien à s'exiler ou bien à adorer l'idole,
c'est-à-dire l'antipape ; il engage l'archevêque à solliciter
la protection du roi de France pour l'évêque légitime de
Grenoble, exilé de son siège par les Impériaux (¹). Sans
doute la persécution religieuse sévissait depuis quelque
temps en Dauphiné, car déjà les religieux de la Grande-
Chartreuse avaient demandé contre l'intrus l'appui de
Louis VII, auquel ils attribuaient quelque influence sur
Raymond de Toulouse, beau-père de la jeune Dauphine (²).

Ainsi de toutes parts les opprimés s'adressent au roi
de France. Quelques années plus tard, vers 1171, on vit
le seigneur de Bresse, Renaud de Baugé, invoquer le
secours de Louis VII contre les attaques des Impériaux.
« Le comte Gérard de Mâcon, écrit-il, accompagné de
son frère Etienne et de Humbert de Beaujeu, a envahi
ma terre à la tête d'une grande armée, l'a mise à feu et
à sang, et a emmené en captivité mon fils Ulric. Tous
réunis, avec l'archevêque de Lyon (il s'agit probablement du schismatique Druon qui, sans doute, n'avait
pas quitté le royaume d'Arles), ils se vantent de mettre
bientôt à exécution leurs menaces et de m'enlever mon
héritage. » Aussi Rainaud rappelle-t-il les liens de pa-
rentés (³) et d'ancienne amitié qui l'unissent au roi, et lui

---

(¹) Martène, *Amplissima collectio*, II, 732.

(²) Bouquet, XVI, 128.

(³) Il était fils d'une fille du comte de Savoie. Sa mère était la
belle-sœur de Louis VI. — Guichenon, *Histoire de la Bresse*, II,
51.

offre de lui faire hommage des châteaux qu'il détenait en franc-alleu (¹) ; de même, en 1167, Guigues de Forez avait fait hommage à Louis VII pour les châteaux de Montbrison et de Montjupt, qu'il ne tenait jusqu'alors d'aucun seigneur (²). Quoique le roi ait fait, en 1172, une nouvelle expédition dans la Bourgogne française, où il rendit quelques décisions au profit des Eglises, il ne paraît pas qu'il ait assuré au seigneur de Baugé une protection efficace contre tous ses ennemis (³).

VII

Le retentissant échec qu'avait éprouvé Barberousse en Italie, lors de son expédition de 1167, n'avait pas peu contribué à ébranler son crédit dans le royaume d'Arles. Le comte de Savoie, Humbert III, auquel l'Empereur demanda passage à son retour, garda une attitude hostile : il est vrai qu'il était lui-même en guerre avec un allié de Frédéric, Alphonse de Toulouse, chargé par Raymond V

(¹) Bouquet, XVI, 156. — A cette époque, Ulric de Baugé, fils de Renaud, est prisonnier des ennemis de sa maison.

(²) Tardif, *Monuments historiques,* n° 602.

(³) Un acte de 1172, rendu par le roi à Vezelay, rétablit la paix entre lui, Gérard de Mâcon, les Eglises et Humbert de Beaujeu. Gérard, qui a fait prisonnier Ulric de Baugé, garde le droit de le traiter comme il lui plaira : « præterquam de Ulrico de Balgiaco, de quo faceret posse suum. » *Gallia Christiana,* IV, 1073.

du gouvernement du Dauphiné ([1]). Pendant que les Lombards poursuivaient Barberousse ([2]), le comte Humbert lui refusait passage et le contraignait à se réfugier sur les terres du fidèle marquis de Montferrat. Le marquis ouvrit aussitôt des négociations avec Humbert, auquel, d'après un contemporain, il offrit des « montagnes d'or » en échange de la liberté du passage pour l'Empereur. En même temps, Frédéric, réduit à la dernière extrémité, tentait d'adoucir ses ennemis par la manifestation d'intentions pacifiques vis-à-vis de l'Eglise. Au monastère de la Grande-Chartreuse, connu pour l'inaltérable fidélité que ses religieux gardaient à la cause d'Alexandre III ([3]), vivait un ancien serviteur de l'Empereur qui, après avoir quitté son maître plutôt que de le suivre dans le schisme, n'avait point cessé de lui porter une miséricordieuse compassion. Ce religieux alla se jeter tout en larmes aux pieds de Barberousse,

---

([1]) Cette guerre fut apaisée par l'intervention de Pierre de Tarentaise. — *Acta Sanctorum*, mai, II, 320. — Vaissette, IV, 224.

([2]) « Schismaticus ex-Augustus turpiter et ignominiosè proturbatus, fugatus et exclusus est a Lumbardis; in transitu ejus turbavit Burgundiam. » Lettre de Jean de Salisbury, dans *Materials for the History of Archbishop Thomas Becket. Scriptores rerum Britannicarum*, VI, 442.

([3]) On en a vu plus haut des preuves péremptoires. Ajoutez une lettre écrite en 1167 par les Chartreux au roi d'Angleterre Henri II, pour le prier de ne pas persécuter l'Eglise. *Materials*, VI, 165. — En 1168, Alexandre III charge le prieur de la Chartreuse d'être, avec l'évêque de Belley, son messager à la cour d'Angleterre. *Materials*, VI, 395 et 440.

au moment où l'Empereur, cerné par ses ennemis, paraissait moins éloigné de revenir à de meilleurs sentiments ; il lui déclara que pour retrouver la paix, il fallait d'abord la rendre à l'Eglise de Dieu (¹). Frédéric répondit à cette démarche en invitant à se rendre auprès de lui trois défenseurs du pape Alexandre, le prieur de Chartreuse, l'abbé de Citeaux et l'évêque de Pavie ; il promit de se conduire d'après leurs conseils.

Ces dispositions nouvelles, si jamais elles furent sincères, ne tardèrent pas à s'évanouir. Frédéric refusa de recevoir les religieux et l'évêque qu'il avait appelés, et parvint à s'enfuir en traversant Suze sous un déguisement (²). Le comte de Savoie le laissa passer, et l'Empereur put enfin se rendre à Besançon (³). Toutefois, il n'avait échappé qu'à grand'peine aux embûches dressées par les habitants de Suze. Aussi, lorsqu'il revint en

---

(¹) Lettre de Jean de Salisbury, dans *Materials*, VI, 404. — D'après l'éditeur Robertson, le chartreux dont il est ici question devait être un certain Thierry, convers de la Chartreuse, qu'une lettre de Frédéric, citée par Gervais de Canturbéry, signale comme ayant travaillé à la paix religieuse. *Gervas. Cantuar. — Scriptores rerum Britannicarum*, I, 269.

(²) *Materials, ibid.*

(³) *Anonymi Laudensis, contin. Morenœ,* Pertz, *Scriptores,* XVIII, 637 : « Imperator itaque in Longobardia, videlicet quandoque in partibus Papie, quandoque Novariæ seu Vercellarum aut Monferati vel Astensium fere per totam hyemem stetit. Sed tamen sequenti mense martio privatim, ita quod etiam nec ipsi Longobardi, qui cum eo fuerant, nisi fortè paucissimi, sciverunt, in Alemanniam per terram comitis Uberti de Savongna, filii quondam comitis Amadei, qui et *comes* dicitur *de Morienna,* iter arripuit. »

Italie, en 1174, il fit expier, par le fer et le feu, à la malheureuse ville l'outrage qui lui avait été infligé [1].

Frédéric saisit une autre occasion de montrer son hostilité au comte de Savoie : en 1175, il reconnut solennellement l'évêque de Belley comme vassal immédiat de l'Empire [2], sans craindre le mécontentement qu'un tel acte ne pouvait manquer de causer au comte Humbert, ambitieux d'agrandir ses domaines dans le Bugey comme dans le Valais. On verra, quelques années plus tard, les empereurs porter de nouveaux coups à l'influence de la maison de Savoie : Frédéric déclarera l'archevêque de Tarentaise vassal immédiat de l'Empire, et Henri VI reconnaîtra les mêmes droits à l'évêque de Sion, soumis auparavant à Berthold de Zaehringen, puis aux comtes de Maurienne [3].

C'est peut-être pour se créer des appuis contre l'inimitié de l'Empereur que le comte de Savoie avait, dès 1173, tenté de contracter avec l'Angleterre l'alliance qui devait plus tard être considérée par ses successeurs

---

[1] *Continuatio San Blasiana*, Pertz, *Scriptores*, XX, 313 et 314. D'après Chiesa, *Corona reale di Savoia* (1655, in-4°), 288, la ville de Ripalta fut ruinée par les Impériaux, en haine d'Oudry, seigneur de ce lieu, allié du comte de Maurienne. — On peut consulter sur ces événements Guichenon : *Histoire généalogique de la royale Maison de Savoie*, I, 236 ; *Apologie pour la royale Maison de Savoie* (Chambéry, 1631, in-4°), p. 45. — Mais il faut n'accepter qu'avec précaution les affirmations de ces historiens. — Cf. Wustemberger, *Peter II von Savoyen* (Berne, 1856, in-8°), II, 33.

[2] « Omnia civitatis regalia... episcopo..... concessimus. » Guichenon, *Histoire de Bresse*, II, 25.

[3] Voir plus bas, page 48. — Cf. Ficker, *op. cit.*, n⁰ˢ 210 et 211.

comme une des bases de leur politique (¹).Cette alliance
ne présentait pas moins de dangers pour la France que
pour l'Allemagne ; car, grâce à leurs possessions du Sud-
Ouest et à leurs alliés du Sud et du Sud-Est, les rois
anglais achevaient d'entourer le royaume capétien d'une
barrière de rivaux et d'ennemis.

Si la Savoie se montrait hostile à la politique impériale, on put croire pendant quelque temps à un rappro-
chement entre l'Empereur et la France. Ce n'était point
sans hésitations qu'au début du schisme Louis VII
s'était prononcé en faveur du pape Alexandre. Aussi,
à diverses reprises, Frédéric crut-il pouvoir profiter
des irrésolutions du roi de France pour l'attirer dans
son alliance. Probablement vers 1171, les deux mo-
narques se rencontrèrent entre Toul et Vaucouleurs
pour traiter de leurs communes affaires (²). Ils s'y
engagèrent mutuellement à expulser les Cotereaux de

(¹) Rymer, *Fœdera* (Ed. de 1739), I, ı, 11. — L'alliance devait
être confirmée par un mariage entre Jean, fils du roi d'Angleterre (le futur Jean-sans-Terre), et Alix, fille du comte Humbert.
— L'archevêque Pierre de Tarentaise participa à la négociation.

(²) Martène, *Amplissima Collectio*, II, 880 et 881 : « Nullos
videlicet Brabantiones vel Coterellos, equites seu pedites, in totis
terris nostris, regni scilicet aut imperii, infra Rhenum et Alpes et
civitatem Parisius aliqua occasione aut vuerra retinebimus amodo. »
— Voir sur ce point Géraud : *Les Routiers au XII⁰ siècle*, dans la
Bibliothèque de l'Ecole des Chartes, 1ʳᵉ série, t. III, 125 et
suiv. — Géraud place, à tort à mon avis, cette entrevue en 1164.
Cf. Luchaire, *op. cit.*, qui la place en 1164 ou 1165. Une lettre
d'Alexandre III, qui y fait allusion, ne peut guère être attribuée
qu'aux années 1171 ou 1172. — Voir la lettre citée à la note 2,
page 40.

leurs domaines et à forcer leurs vassaux à s'en défaire : peut-être y ébauchèrent-ils un projet d'alliance entre un fils de Louis VII et une fille de l'Empereur [1]. En tous cas, cette entrevue excita à un haut degré les soupçons d'Alexandre III, qui chargea l'archevêque de Reims de lui en rendre un compte exact [2].

Il semble, d'ailleurs, qu'à cette époque les affaires d'Allemagne et la lutte contre la papauté et la ligue lombarde suffisent à absorber l'attention de Barberousse. Il s'occupe fort peu du royaume d'Arles, et les actes qu'il rend pour y attester ses droits ne paraissent qu'à de longs intervalles. Avec le diplôme de Belley, il faut cependant signaler un privilège analogue accordé, le 16 mars 1177, à l'évêque de Viviers [3].

VIII

Quand, en 1177, l'Empereur eut conclu le traité de Venise avec le pape Alexandre III, les évêques exilés purent regagner leurs sièges : l'ordre se rétablit dans l'Eglise et la paix fut rendue aux consciences. Aussi Frédéric, à son retour d'Italie, crut le moment opportun pour provoquer une manifestation décisive des droits de

---

[1] Martène, *Amplissima Collectio*, II, 991.

[2] *Ibid.*, 937.

[3] *Gallia Christiana*, XVI, *Instrum.*, 225. — Il faut noter aussi un diplôme donné à Pavie, en avril 1175, et reconnaissant au monastère de Saint-Claude le droit de battre monnaie. *Gallia Christiana*, IV, *Instrum.*, 22.

l'Empire dans le royaume de Bourgogne. Il vint à Arles (¹), et suivant une antique tradition interrompue depuis plusieurs siècles, le 30 juillet 1178, il se fit couronner roi de Bourgogne (²) par l'archevêque Raymond de Bolène, qu'entouraient les archevêques de Vienne, d'Aix, les évêques de Cavaillon, d'Avignon, de Carpentras, de Vaison, de Saint-Paul-Trois-Châteaux ; et parmi les laïques Raimond de Meuillon, Bertrand de Baux, le comte de Toulouse Raymond de Saint-Gilles, le comte de Forcalquier (³).

Pendant son voyage en Provence et son séjour à Arles, l'Empereur reçut l'hommage de nombreux seigneurs ecclésiastiques ou laïques et leur renouvela leurs privilèges. C'est ainsi qu'il confirme les droits des églises

---

(¹) L'Empereur était à Turin le 15 juin 1178, à Embrun le 14 juillet, à Gap le 18, à Arles le 28. Chevalier, *Cartulaire de l'Eglise de Die* (*Académie delphinale, Documents inédits*, II), 6, note 3.

(²) Raoul de Diceto, Bouquet, XIII, 201. — L'auteur place à tort cette cérémonie à Vienne où il pense que Frédéric fit couronner sa femme Béatrice. En se rendant à Arles, Frédéric se conformait à l'usage :

Scribere verba volens, quot sint loca prima coronæ,
Quatuor Imperii sedes video ratione ;
Primus Aquisgrani locus est, post hæc Arelati,
Inde Moduentiæ regali sede locari,
Post solet Italiæ summa corona dari.

Godefridi Viterbiensis Pantheon, dans Muratori, *Scriptores,* VII, 418.

(³) Voir les énumérations de témoins dans *Gallia Christiana,* I, Instrum.,99, et Chevalier : *Inventaires des Archives des Dauphins, à Saint-André de Grenoble* (Paris, 1869, in-8º), **27.**

d'Arles (¹) et d'Apt (²) ; il reconnaît aux évêques de Die le titre de princes de l'Empire et de comtes de Die (³); il accorde des privilèges à l'évêque de Gap (⁴) et à Bertrand de Baux, qu'il fait prince d'Orange (⁵). Il confie les Juifs d'Avignon à la garde spéciale de leur évêque (⁶).

(¹) *Gallia Christiana*, I, *Instrum.*, 99 et 100. — L'acte est souscrit par divers prélats du royaume, présents à Arles ; les droits de l'archevêque de Vienne, en qualité d'archichancelier, y sont constatés ; souscrivent les archevêques d'Aix et d'Arles, les évêques d'Avignon, de Carpentras, de Vaison, de Cavaillon, de Saint-Paul-Trois-Châteaux, Bertrand de Baux, etc. Viennent ensuite les formules suivantes : « Ego Godefridus, imperialis curiæ cancellarius, vice Roberti Viennensis archiepiscopi et Provinciæ ac Burgundiæ archicancellarii recognovi. Acta sunt hæc, anno dominicæ Incarnationis MCLXXVIII, indictione XI, regnante domino Friderico Romanorum imperatore gloriosissimo, anno regni ejus XXVII, imperii autem XXIV feliciter. Amen ! Datum in palatio Arelatensi, III kal. Augusti mensis, die dominico quo coronatus est in Ecclesia Arelatensi Imperator. »

(²) *Ibid.*, *Instrum.*, 78. — Ce diplôme fut donné *in palatio Vapincensi*. On voit qu'il y avait des *palatia* dans plusieurs villes du Sud-Est : nous savons qu'à Vienne il y avait aussi un *palatium*. Ces *palatia* faisaient partie des *regalia* : « Regalia sunt... palatia in civitatibus consuetis. » *Libri feudorum*, II, 56. — Cf. Waitz, *Deutsche Verfassungsgeschichte*, VI (Kiel, 1875, in-8°), 243.

(³) Chevalier, *Cartulaire de l'Eglise de Die* (*Académie delphinale, Documents inédits*, II), 4. — Cf. Colombi, *De rebus gestis episcoporum Valentinensium et Diensium* (Lyon, in-4°, 1652), 101. — de Pisançon : *l'Allodialité dans la Drôme*, 160.

(⁴) *Gallia Christiana*, I, *Instrum.*, 87.

(⁵) Bouche, *Histoire de Provence*, II, 165.

(⁶) *Gallia Christiana*, I, *Instrum.*, 143.

Il autorise Guillaume de Poitiers à lever sur le Rhône, de Valence à Montélimar, un péage qui sera tenu en fief du Dauphin ([1]).

Remontant le Rhône, l'Empereur passe à Valence où nous constatons sa présence dès le 8 août ; il y écoute les plaintes des bourgeois contre l'évêque, mais ne fait connaître sa décision que quelques jours plus tard, lorsqu'il est arrivé à Vienne ([2]). On apprend alors que si l'Empereur interdit aux habitants de Valence toutes associations et conspirations contre l'évêque, c'est à la condition que l'évêque ne demandera aux bourgeois que les impôts indispensables à l'administration de la justice et à l'accomplissement des services dus à l'Empire.

Frédéric n'avait point quitté Valence sans confirmer les droits de Raymond, baron de Meuillon, vassal immédiat de l'Empire ([3]), ni sans avoir pris sous sa protection l'abbaye de Léoncel ([4]). Le voyage de l'Empereur à travers le Sud-Est de la Gaule fut encore marqué par des

---

([1]) Chevalier, *Cartulaire de l'Eglise de Die*, 6, note 3; et *Inventaire des Archives des Dauphins, à Saint-André de Grenoble*, 28.

([2]) *Gallia Christiana*, XVI, *Instrum.*, 106. — Colombi, *op. cit.*, 25. — L'Empereur reconnaît que toute justice appartient à l'évêque de Valence : « Exactionem non faciat episcopus in civitate neque in aliis regalibus nisi quando vadit ad Curiam vel facit manifestum Imperii servitium. Episcopus non accipiat ultra LX solidos pro mulcta ab homine damnato in causa pecuniaria; nihil accipiat de mutuata pecunia, si mutuatarius fuerit damnatus in lite mota inter ipsum et mutuatorem. Viduis liceat nubere, neque cogantur indè dare pecuniam. »

([3]) Chevalier, *Cartulaire de l'Eglise de Die*, p. 6, note 3.

([4]) Chevalier, *Cartulaire de l'Abbaye de Léoncel* (Montélimar, 1869, in-8°), 34.

concessions de privilèges à la Chartreuse de Durbon (¹),
à l'église Saint-Apollinaire de Riez (²), par l'investiture des régales accordée à l'évêque de Grenoble, Jean
de Sassenage, qui, après avoir été longtemps l'adversaire
de l'Empereur, fut alors reconnu comme prince de
l'Empire (³), enfin à diverses églises de Suisse et de
Comté (⁴).

Le couronnement de l'Empereur à Arles semble
n'avoir produit chez les contemporains qu'une impression très médiocre. En tous cas, après comme avant 1178,
la suprématie de l'Empire ne se manifeste que par l'octroi
ou la confirmation de quelques privilèges. La chancel-
lerie impériale n'y prend même pas le soin de men-
tionner, dans la date des diplômes, les années du règne
de Frédéric en Bourgogne (⁵).

En 1184, après la diète de Mayence, l'archevêque de
Lyon et l'évêque de Gap vinrent chercher auprès de

(¹) Charonnet, *Bibliothèque de l'Ecole des Chartes*, 3ᵉ série, V,
440.

(²) Hüffer, *Das Verhaeltniss*, 55.

(³) Huilhard-Bréholles, *Historia diplomatica Friderici secundi*,
V, 189. — Ce diplôme, daté de Lyon, est souscrit par l'archevêque
de Lyon, Guiraud ; l'évêque Eudes, de Valence; le duc Hugues de
Bourgogne; Humbert de Beaujeu, etc. Il constate le rétablissement
de la paix religieuse en Dauphiné. — Cf. Albert du Boys, *Histoire
de saint Hugues*, 491.

(⁴) Baume-les-Dames, Romain-Moutiers, Bellevaux, Valtravers.
— Cf. Hüffer, *Das Verhaeltniss....*, 55 et 56. — Il faut signaler
aussi un diplôme concernant les différends entre l'archevêque et les
bourgeois de Besançon. Huilhard-Bréholles, V, 127.

(⁵) Hüffer, *op. cit.*, 56.

Frédéric en Italie l'investiture de leur temporel (¹).
L'archevêque de Vienne accompagnait alors l'Empereur;
il souscrivit à Vérone un diplôme au sujet des biens que
possédait, sur les terres d'Empire, l'abbaye de la Chaise-
Dieu (²). L'année suivante, Frédéric intervint en faveur
de l'église de Genève et accorda à l'évêque un diplôme
souscrit par l'archevêque d'Embrun, présent à la Cour
impériale (³).

Le 27 janvier 1186 eut lieu à Milan une triple cérémonie ; Henri, fils aîné de l'Empereur, et sa femme
Constance reçurent la couronne de Germanie, tandis
qu'à en croire Raoul de Diceto, une couronne nouvelle
fut placée sur la tête de Frédéric par l'archevêque de
Vienne, Robert (⁴). On sait d'ailleurs qu'à cette époque
du moyen âge, les souverains renouvelaient souvent la
cérémonie de leur couronnement, sans doute afin de
mieux attester leur pouvoir (⁵).

Barberousse n'en continuait pas moins d'agir en
souverain dans le royaume de Bourgogne. En mai 1186,
il date de Pavie un privilège accordé à l'archevêque
Aymon de Tarentaise (⁶). De Novare, il déclare que nul,
sans le consentement de l'évêque de Gap, ne pourra

(¹) Menestrier, *Histoire civile de Lyon*, pr., Tractatus de bellis,
p. 34. — Huilhard-Bréholles, V, 193.

(²) Bohmer, *Acta Imperii selecta*, publiés par Ficker en 1870, 141.

(³) Spon, *Histoire de Genève*, II, 40.

(⁴) Bouquet, XVII, 627.

(⁵) Voir sur ce point, Luchaire, *Histoire des Institutions monarchiques*, I, 70 ; Waitz, *Verfassungsgeschichte*, VI, 228.

(⁶) *Gallia Christiana*, XII, Instrum., 387.

acquérir de fief dans le diocèse (¹). Enfin, l'année suivante, il adresse un diplôme à l'évêque de Die, qu'il veut protéger contre les usurpations dont son temporel est menacé (²).

Ces actes, auxquels il faut joindre quelques privilèges rendus en faveur d'établissements religieux de la Bourgogne suisse, marquent les dernières années du règne de Frédéric (³). Le 10 juin 1190, l'Empereur trouvait la mort dans les eaux glacées d'un fleuve inconnu de l'Asie. Son fils Henri VI ceignit à Rome, en 1191, la couronne impériale, qui semblait ainsi devenir héréditaire dans la maison de Souabe.

IX

Déjà, du vivant de son père, Henri VI, roi des Romains, avait agi en souverain dans le royaume d'Arles. En 1186, le duc de Bourgogne, Hugues, devenu comte d'Albon par son mariage avec la Dauphine Béatrice, avait rendu hommage à Henri pour ce comté, compris dans les limites de l'Empire (⁴). En même temps il acquérait en

(¹) *Archives de l'Isère*, B, 3013, f. 135 et 146.

(²) 6 mars 1187. Colombi, *De rebus gestis Episcoporum Valentinensium*, 88. — Chevalier, *Cartulaire de l'Eglise de Die*, 6.

(³) Hüffer, *Das Verhaeltniss...*, 59.

(⁴) « Hominium... et legiitatem de tota terra comitatus Albonis, qui infra districtum Imperii continetur. » Pérard, *Recueil*, 233, 260.

fief de l'Empire les terres allodiales de la maison de Baugé, peut-être saisies par l'Empereur à la suite des luttes, que nous avons signalées plus haut, de Rainaud et d'Ulric de Baugé contre les Impériaux. Deux ans plus tard, Henri vint lui-même en Bourgogne ; le 20 juillet 1188, il était à Lyon où il prenait solennellement sous sa protection la Chartreuse de Durbon, solitude perdue dans les montagnes du diocèse de Gap [1]. Le 21 juillet, il défendait à Aymar de Poitiers, à Raimond d'Agout et à d'autres seigneurs de lever des péages contrairement aux droits des évêques de Die [2]. Le 23 juillet, Henri, qui s'était arrêté dans une localité de notre département actuel de l'Ain [3], concéda à Humbert de Thoire deux péages, à Ambronnay et à Trévoux [4], en échange de la cession à l'Empire de diverses terres allodiales [5] ; là, comme dans l'affaire des

---

[1] *Bibliothèque de l'Ecole des Chartes* (Mai, juin 54), 3e série, V, 441.

[2] Bohmer, *Acta Imperii selecta* (publiés par Ficker en 1870), 161. — Les autres seigneurs sont Hugues d'Aix et Eschafin. — Il est bon de rappeler que le 6 mars 1187, l'évêque Robert de Die avait déjà obtenu un privilège de Frédéric. (Voir plus haut, page 66, note 3.)

[3] Theyssilieu ou Thoissey (Voir, sur ce voyage, Huilhard-Bréholles, dans le *Journal général de l'Instruction publique*, 5 mai 1855.)

[4] Ces péages étaient jadis tenus en arrière-fief, par Etienne de Villars.

[5] Ces alleux appartenaient, soit à Humbert de Thoire, soit à son vassal Amédée de Coligny. — Cf. dom Plancher, *Histoire de Bourgogne*, I, 358. — Le duc Hugues de Bourgogne y souscrit comme témoin.

seigneurs de Baugé, Henri VI cherchait à substituer aux alleux des fiefs de l'Empire. Le 27 juillet 1188, il révoqua le privilège par lequel son père, dix ans auparavant, avait restreint les privilèges de l'évêque de Valence, et le restitua dans l'intégrité des droits que Barberousse avait, en 1157, conférés à l'évêque Eudes (¹). L'année suivante, sans doute à la suite de difficultés avec la maison de Savoie, Henri affranchit l'évêque de Sion de la dépendance du comte de Maurienne, et le rangea au nombre des vassaux immédiats de l'Empire (²).

Cette longue et fastidieuse énumération était nécessaire pour faire apparaître nettement la politique suivie, dans le royaume d'Arles et de Vienne, par les trois premiers empereurs de la maison de Souabe. Cette politique consista à multiplier le plus possible les vassaux immédiats de l'Empire. Pour atteindre ce but, on s'efforça surtout de rattacher directement à la couronne impériale le plus grand nombre possible de seigneurs ecclésiastiques. Nul, en effet, n'ignore les luttes perpétuelles que les Eglises durent, au moyen âge, soutenir contre leurs voisins féodaux. Nul n'ignore les spoliations dont l'exercice des droits d'avouerie fut souvent le prétexte à peine déguisé. Enlever ces droits aux seigneurs du royaume, placer les évêques sans intermédiaire en face de l'Empereur, dont ils tiendraient leur

---

(¹) Sternfeld, *Das Verhaeltniss des Arelats zu Kaiser und Reich vom Tode Friedrichs I bis zum Interregnum* (Berlin, 1881, in-8°), 10 et 11.

(²) Voir plus haut, p. 38, note 3.

temporel, ou, comme on disait alors, leur régale, c'était mettre fin à des désordres incessants ; c'était suivre une ligne de conduite à la fois favorable à l'Empereur et aux Eglises. Aussi, beaucoup d'évêques accédèrent-ils aux demandes de l'Empereur ; beaucoup n'hésitèrent pas à lui prêter serment de fidélité et à s'acquitter envers lui du service de Cour, que tout vassal doit à son seigneur. Toutefois, pour que cette politique pût contribuer efficacement à relever l'autorité impériale, il fallait, d'une part, la poursuivre avec une constante attention ; d'autre part, avoir le souci d'éviter tout conflit entre l'Empereur et l'Eglise. La maison de Souabe avait besoin du concours des évêques : faire la guerre au pouvoir spirituel était un mauvais moyen de leur inspirer confiance. La politique des derniers Staufen ne sut pas rester fidèle à ces maximes.

A l'avènement de l'empereur Henri VI, les contemporains purent voir que l'un des dangers les plus graves qui menaçaient l'Empire était le caractère du nouveau César. En lui semble s'être résumée toute l'ambition de sa race. Il se considère, sans ménagement, comme le monarque universel. Les contemporains disent de lui qu'il se présente comme le roi des rois et le seigneur des seigneurs (¹). Au lieu d'en user avec les rois de la chrétienté comme avec des souverains alliés, il les traite volontiers comme des vassaux ou des gouverneurs de province. D'ailleurs, il ne cherche qu'à augmenter le

---

(¹) Il rêve, dit l'historien grec Nicetas, de renouveler les grandeurs des Antoine et des Auguste. — Nicetas, édition du *Corpus Scriptorum historiæ Byzantinæ* (Bonn), 638.

nombre de ses vassaux. Richard Cœur-de-Lion dut lui inféoder son royaume ; son rêve, nous dit Roger de Hoveden (¹), eût été d'obtenir l'hommage de Philippe-Auguste. Successivement il reçoit l'hommage du roi d'Arménie, du roi de Chypre, Amaury de Lusignan. Le roi des Almohades lui paye tribut; lui-même ne craint pas d'élever des prétentions à l'empire de Byzance. Ainsi croit-il exercer son autorité des confins de l'Ecosse au Bosphore, des côtes de la Baltique au sommet de l'Atlas (²).

Outre que cet esprit chimérique était naturellement disposé aux aventures lointaines, les événements avaient déplacé le centre de la politique impériale, qui, des bords du Rhin et du Danube, se trouvait transféré en Italie. En effet, par son mariage avec Constance de Sicile, Henri se trouvait appelé à recueillir l'héritage du royaume de Naples. Désormais l'Italie sera plus que jamais l'objet des visées de la politique de l'Empire : jusqu'à la chute de la maison de Souabe, elle absorbera l'attention et les efforts des Empereurs.

Cette tendance nouvelle devait accroître l'importance du royaume d'Arles, lien naturel entre les pays rhénans et l'Italie. On comprend quels services eût rendus aux Empereurs la libre possession de la route qui, de Bâle,

---

(¹) Cf. Scheffer-Boichorst, *Deutschland und Philipp II August von Frankreich, in den Jahren 1180-1214* dans *Forschungen zur Deutschen Geschichte* (VIII, Gottingen, 1868), 498.

(²) Voir, sur ces divers points : Winckelmann, *Philipp von Schwaben*, I, 3.

conduit au port de Marseille, en suivant le cours de la Saône et du Rhône. De Marseille ils eussent communiqué librement avec les grands ports italiens de Gênes et de Pise; dès lors, une guerre en Lombardie ne pouvait plus interrompre les relations entre l'Allemagne et l'Italie. Ajoutez à ces avantages stratégiques les immenses avantages commerciaux qu'a de tout temps présentés cette route, et les gros revenus que le fisc impérial avait droit d'attendre de l'établissement de péages sur les rives du Rhône.

Peut-être Henri VI comprit-il qu'il fallait à tout prix s'attacher étroitement les provinces d'Arles. Mais les efforts soutenus et persévérants qu'exigeait ce dessein convenaient mal à son tempérament impétueux. Des dispositions personnelles de l'Empereur naquit sans doute le projet, plus chimérique que pratique, de rétablir le royaume de Bourgogne et d'Arles au profit d'un prince allié et vassal. Ce prince ne devait être autre que Richard Cœur-de-Lion.

Il convient de rechercher ici les origines de cet étrange incident, d'autant plus intéressant qu'il est intimement lié aux événements de l'histoire générale.

Pour résister à la coalition du roi d'Angleterre et de l'opposition guelfe, Barberousse s'était depuis longtemps convaincu qu'il lui fallait se ménager l'amitié de la France. A diverses reprises, il avait évité la guerre avec Philippe-Auguste ; il avait empêché son fils Henri de soutenir le comte de Flandre contre le roi de France. En 1187, à l'époque d'une vive recrudescence de l'hostilité du parti guelfe, se forma définitivement l'alliance de la maison de Souabe et de la France, alliance qui fut

un des éléments les plus importants de la politique
européenne au XIII° siècle, et qui, malgré quelques
nuages, persista jusqu'à la chute de la maison de Souabe.
Cette distribution des forces n'avait, d'ailleurs, rien que
de très naturel. Tandis que l'Allemagne du Nord, groupée
autour des Guelfes et de l'archevêque de Cologne, était
entraînée par ses intérêts commerciaux vers l'alliance
anglaise, l'Allemagne du Sud se tournait volontiers vers
la France.

Lorsqu'il passa en Italie pour aller en Terre-Sainte et
en revenir, Philippe-Auguste ne montra pas, au gré de
l'Empereur, une hostilité suffisante envers Tancrède de
Lecce, l'adversaire de Henri dans le royaume de Naples. Aussi, quand au commencement de décem-
bre 1191 le roi de France, avant de rentrer dans le
royaume, s'arrêta à Milan pour y entretenir Henri VI
de leurs intérêts communs, l'Empereur ne consentit pas
d'abord à le recevoir (¹); les ennemis passionnés des
Staufen allèrent même jusqu'à dire qu'il avait fait tendre
des embûches au roi de France sur les routes d'Italie (²).
Mais bientôt les véritables intérêts de l'Empereur firent
taire sa rancune : les deux souverains se réconci-
lièrent. Richard Cœur-de-Lion, l'ennemi de l'Empire
et de la France, l'ami des Guelfes et de Tancrède de
Lecce, porta tout le poids de cette réconciliation. Quand,
l'année suivante, au mépris des règles les plus sacrées
du droit public du moyen âge, Richard fut arrêté et jeté
en captivité par le duc d'Autriche, l'Empereur se hâta

(¹) Scheffer-Boichorst, *op. cit.*, 489.

(²) *Registrum Imperii*, 64. (Voir, dans Migne, l'édition des *Lettres
d'Innocent III*.)

d'en envoyer la nouvelle au roi de France (¹), qui lui-même se mit sans retard en mesure de profiter de cet heureux événement. Il n'est pas invraisemblable de penser, avec quelques contemporains, que l'arrestation de Richard avait été préparée par le roi de France, de concert avec l'Empereur (²).

Aussitôt Philippe conclut avec Jean-sans-Terre un traité d'alliance qui rend à la France Gisors, Tours, le Vexin normand. A ce prix, le roi aidera Jean à se mettre en possession de l'Angleterre (³) ; ainsi, une créature de Philippe-Auguste remplacera Richard sur le trône des Plantagenets. La rivalité traditionnelle de la France et de l'Angleterre semblait devoir se terminer par le triomphe de la France, quand se produisit une péripétie qui trompa les espérances de Philippe-Auguste.

C'est une faute que d'abuser de la fortune prospère ; le roi de France avait commis cette faute. En poussant à outrance la campagne contre l'Angleterre, il avait alarmé l'Empereur et plus encore l'opposition guelfe avec laquelle l'Empereur devait compter : un mouvement d'opinion se produisit en Allemagne, qui contraignit Henri VI à témoigner à Richard plus de bienveillance. Lors de leur entrevue de Spire, au printemps de 1193, l'Empereur, au dire de Roger de Hoveden, avait com-

---

(¹) Roger de Hoveden, dans Bouquet, XVII, 551.
(²) Voir les textes cités par Scheffer-Boichorst, 490 ; notamment Gervais de Tilbury, dans l'édition de Leibnitz, 943.
(³) Bouquet, XVII, 38.

mencé par accabler le captif de reproches amers ; mais Richard répondit si bien que Henri VI le releva, lui donna le baiser de paix, au milieu de l'émotion des assistants, et lui promit de s'allier avec lui et de le réconcilier avec Philippe-Auguste, ou, s'il n'y réusissait pas, de le renvoyer dans son royaume sans lui demander de rançon (¹).

Cette réconciliation était une défaite diplomatique pour Philippe-Auguste : le roi ne négligea aucun effort pour la réparer. On put croire qu'il y avait réussi ; par l'intermédiaire de l'archevêque de Reims, une entrevue entre Henri VI et Philippe-Auguste fut fixée au 25 juin 1193. Richard comprit fort bien que la réconciliation se ferait à ses dépens, et que de la prochaine entrevue de Vaucouleurs sortirait infailliblement une guerre dirigée par l'Empereur et le roi de France contre l'Angleterre, les archevêques de Cologne, de Mayence, le duc de Saxe et les autres chefs de l'opposition allemande (²). Mais il sut détourner le coup : les opposants, d'abord très hostiles, se rapprochèrent de Frédéric, l'influence française perdit du terrain, et Philippe-Auguste fut encore déçu dans ses espérances.

Au lieu de se rendre à Vaucouleurs, le 25 juin, l'Empereur tint à Worms, le 29 juin, une diète où parut Richard. Dans une cérémonie qui dut flatter l'orgueil puéril de Henri VI, le roi anglais lui fit abandon de son royaume, qu'il reprit ensuite pour le posséder en fief de

---

(¹) Bouquet, XVII, 552.
(²) Roger de Hoveden, Bouquet, XVI, 556.

l'Empire ([1]). Ainsi, après des négociations souvent péni-
bles, l'Empereur sacrifiait l'amitié de la France pour rechercher l'alliance anglaise et pour étendre sur un
royaume nouveau une suzeraineté de pur apparat. Cette
rupture ne pouvait être que passagère; les nécessités de
la situation devaient bientôt rapprocher du roi de France
les princes de la maison de Souabe.

Quand l'Empereur pensa avoir indissolublement lié
à sa politique le sort du roi anglais, il crut le moment
venu de reprendre sous une nouvelle forme le projet de
constituer la Bourgogne et la Provence en royaume
vassal de sa couronne. Le 22 septembre 1193, Richard
écrit de Spire à l'archevêque de Canturbéry qu'il sera
mis en liberté après Noël, et sera en janvier couronné
roi de Provence, selon la promesse qui lui en a été faite
par l'Empereur ([2]). En effet, Henri VI avait offert à son
captif le royaume d'Arles, qui comprenait, au dire d'un
contemporain, la Provence, le Viennois, Lyon et tout le
pays qui s'étend jusqu'aux Alpes, la Bourgogne, et aussi
(quoique l'Empire n'y eût aucun droit) la province de
Narbonne et l'hommage des comtes de Saint-Gilles ([3]).

([1]) Bouquet, XVII, 554. — Cf. *Annales Marbacenses*, Pertz,
Scriptores, XVII, 165. — *Annales Spirenses, ibid.*, 83.

([2]) Cf. Une lettre de Henri VI aux seigneurs anglais. Rymer,
Fœdera, I, ɪ, 26 et 27.

([3]) Roger de Hoveden, Bouquet, XVII, 561 : « Scilicet Proven-
ciam et Vianam et Vianois et Marsiliam et Narbonam et Arleblanc
et Leun super Rhodanum usque ad Alpes, et quidquid habet Imperator in Burgundia, et homagium regis Aragoniæ et homagium
comitis de Disders et homagium comitis de S. Aegidii. Et est
ciendum quod in his terris sunt V archiepiscopatus et XXXIII
episcopatus. »

Le plan de l'Empereur s'explique par des considérations dont quelques-unes ne sont pas dépourvues de valeur. Il abandonnait au roi Richard des régions où la souveraineté de l'Empire était illusoire ou contestée, s'imposant ainsi à lui-même un très médiocre sacrifice ; en revanche, il attisait la discorde entre le roi de France et le roi d'Angleterre, soustrayait le royaume d'Arles à l'influence française qui l'aurait nécessairement absorbé, et le remettait aux mains d'un monarque trop éloigné de ses Etats héréditaires pour n'avoir pas besoin du secours de l'Empire : enfin la création de ce nouvel Etat empêchait entre l'Empire et la France le contact immédiat dont l'expérience avait révélé les dangers. Quant au roi d'Angleterre, l'avantage que lui présentait ce projet était évident : s'il eût réussi à joindre à ses possessions du Sud-Ouest de la France le nouveau royaume qu'Henri VI lui taillait dans le Sud-Est, il ne pouvait manquer d'étouffer la puissance encore jeune de son rival Capétien.

Fort heureusement pour la France, la combinaison projetée était irréalisable. L'Empereur avait disposé de domaines sur lesquels il n'exerçait aucun pouvoir effectif, et dont les seigneurs ecclésiastiques ou laïques étaient fort peu enclins à accepter un maître. Aussi le projet ne fut-il pas mis à exécution ; quand Richard fut mis en liberté, il quitta l'Allemagne sans plus se soucier du royaume d'Arles, dont il ne revendiqua jamais la couronne.

Henri VI se livrait tout entier aux desseins que lui inspirait son orgueil : le malheur fut qu'à poursuivre l'accomplissement de ces conceptions grandioses, il oublia ses intérêts immédiats. Après la délivrance du roi

Richard, il semble ne s'être plus guère préoccupé du
royaume d'Arles. Il intervient rarement dans les affaires
bourguignonnes. Il faut pourtant citer une décision rendue en 1192 dans les affaires de la Comté (¹) ; deux diplômes accordés en 1193 à l'évêque d'Apt, l'un pour
lui assurer la possession de son temporel, l'autre pour
lui permettre de fortifier sa ville épiscopale (²). Enfin,
en 1196, après avoir concédé divers privilèges à des établissements religieux de la Comté, Henri, se rendant en
Italie, rencontre à Turin les archevêques Aynard de
Vienne et Aymon de Tarentaise, qui obtiennent de lui
la confirmation des droits de leurs sièges (³).

En somme, les résultats de la politique de Henri VI
dans le royaume d'Arles furent médiocres (⁴). A cette
époque, le frère de Henri VI, le comte palatin Othon,
à qui la Comté est échue après la mort de sa mère
l'impératrice Béatrice, est attaqué par des ennemis trop
nombreux pour qu'il puisse prêter un concours efficace
à l'influence impériale ; au centre du royaume, les
seigneurs laïques sont indifférents ; au Sud, si le comte
de Toulouse, marquis de Provence, est plutôt favorable
à l'Empire, la maison d'Aragon qui possède le comté
de Provence est hostile à l'Allemagne. Alfonse d'Aragon
exerce dans le Sud de la Gaule la puissance dont l'Em-

(¹) Pérard, *Recueil*..., 318.

(²) *Gallia Christiana*, I, *Instrum.*, 79. — Cf. Sternfeld, *op.
cit.*, 12.

(³) *Académie Delphinale*. Chevalier, II, 5, 29.

(⁴) Cf. Sternfeld, *op. cit.*, 15.

pereur ne conserve que l'apparence ; ainsi, en 1193, ce même monastère de Durbon, qui avait, cinq ans auparavant, sollicité la protection de Henri VI, n'hésite pas à se placer sous la protection du comte de Provence. Les dissensions intestines qui troubleront l'Empire après la mort prématurée de Henri VI ne contribueront pas à raffermir la puissance des Empereurs dans le Sud-Est de la France.

X

On sait que la double élection de Philippe de Souabe et d'Othon de Brunswick fut le signal d'une longue période d'anarchie, pendant laquelle les deux prétendants furent trop occupés à se combattre pour prendre quelque souci des intérêts généraux de l'Empire. Une coalition se forma pour soutenir la cause d'Othon ; elle comprenait son oncle le roi d'Angleterre, le comte de Flandre et l'archevêque de Cologne, autour duquel se ralliaient les forces de l'Allemagne du Nord. Poussé par un double motif, la défiance qu'il ressentait à l'égard des héritiers de Barberousse et la crainte qu'il éprouvait de voir l'Empire devenir héréditaire dans la maison de Souabe, Innocent III adhéra au parti d'Othon.

Contre les efforts de cette coalition de Guelfes et d'Anglais, le frère de l'Empereur Henri VI, Philippe, dont la candidature avait été encouragée par Philippe-Auguste, était appuyé par l'Allemagne du Sud ; il entraînait dans son parti la Souabe, domaine héréditaire de sa famille, et la plus grande partie des pays Helvètes, où Berthold de Zæhringen s'était prononcé pour la cause des Staufen ([1]). Entre les deux prétendants, les seigneurs du royaume de Bourgogne, peu disposés à reconnaître un Empereur, ne se pressèrent pas de choisir. Cependant, ceux d'entre eux qui durent prendre parti se prononcèrent pour Philippe de Souabe, suivant en cela l'exemple de l'Allemagne du Sud et subissant l'influence du roi de France. Othon ne paraît pas avoir recherché l'appui de la Bourgogne ; au contraire, Philippe y parut à diverses reprises pour y faire des actes de souveraineté.

C'est surtout dans la Bourgogne du Nord que Philippe de Souabe tenta d'exercer son autorité. Il comptait parmi ses plus fidèles serviteurs l'archevêque de Besançon, Amédée. Comblé, dès l'année 1199, des faveurs de Philippe ([2]), Amédée avait, l'année suivante, souscrit un document adressé au Pape à l'appui des prétentions de la maison de Souabe ([3]). En 1201, Amédée était auprès de Philippe de Souabe à Haguenau ([4]), et en 1202, il le décidait à venir à Besançon pour y prendre la défense des intérêts de sa nièce Béatrice, héritière du comté Palatin. Amédée l'y reçut avec les honneurs royaux et paraît l'avoir appuyé dans les opérations militaires qu'il fallut entreprendre en Comté, contre

---

([1]) *Continuatio San-Blasiana*. Pertz, *Scriptores*, XX, 329.

([2]) Winckelmann, *Acta Imperii inedita*, n° 3.

([3]) La souscription d'Amédée est à côté de celles des archevêques de Magdebourg et de Trèves. Boehmer, *Regesta Imperii* (1198-1254), 10.

([4]) *Ibid.*, p. 13.

les nombreux ennemis des Staufen, notamment contre Etienne d'Auxonne ([1]). Ce voyage de Philippe de Souabe fut sans doute l'occasion des quelques diplômes qui, vers cette époque, furent adressés à des établissements religieux de la Comté ([2]). L'attitude de l'archevêque de Besançon fit éprouver à Innocent III un vif mécontentement. Pour avoir épousé la cause d'un prétendant hostile à l'Eglise, Amédée fut, en 1203, appelé à la Cour de Rome, en même temps que l'archevêque Aymon de Tarentaise, coupable d'avoir sacré Philippe, en 1198 ([3]).

Aucune trace n'a été conservée de l'action de Philippe dans le Sud de la Bourgogne avant l'année 1205. Alors les évêques de Belley et de Valence, Guillaume de Mâcon et quelques autres seigneurs viennent à Spire à la suite de l'archevêque de Besançon et y séjournent pendant que Philippe y tient sa Cour. Le roi les en récompense par quelques privilèges : il met l'évêque Humbert de Valence en possession de son temporel ([4]),

---

([1]) « Ducem Suevie ad Burgundiam de devastandam deduxit », dit un document de source hostile. *Registrum Imperii*, n° 71. — Cf. Winchelmann, *Philipp von Schwaben*, 1, 261.

([2]) Il l'accompagnait encore en 1199.

([3]) Sternfeld, 21 et 22.

([4]) Le 27 janvier 1205, Philippe investit l'évêque de Valence de ses *regalia*, et lui confirme : « Civitatem Valentinam.... comitatum..... ecclesias, abbatias, monasteria....., forum, mercatum duella, monetam, naula, thelonea, pedagia, castra, castella, villas, vicos, areas, servos, ancillas, tributarios, decimas, foresta, sylvas, venationes, molas, melendina, aquas....., commune forum agentium et sustinentium causas, tam civiliter quam criminaliter, et quasdam alias possessiones. » *Acta Imperii inedita*, n° 7.

et défend aux habitants de la ville de former des associations sans la permission de l'évêque, et aux barons du diocèse d'aliéner les fiefs de l'Eglise ou de l'Empire. En même temps il investit Isnard, seigneur d'Agoult, de la vallée de Sault (¹). On voit que Philippe cherche à renouveler, avec les grands du royaume d'Arles, la politique traditionnelle des Hohenstaufen.

Deux ans plus tard, Philippe de Souabe séjourna à Bâle. Alors la fortune semblait lui sourire : aussi les seigneurs bourguignons s'empressèrent-ils de se rendre auprès de lui. On vit même à Bâle les anciens ennemis de la maison de Souabe en Comté, et, parmi eux, Etienne d'Auxonne, Richard de Montbéliard, Gaucher de Salins. Le comte Thomas de Savoie choisit ce moment pour faire adhésion à la maison de Souabe, et reçut, à Bâle, l'investiture de ses fiefs ; pour prix de sa soumission, le roi Philippe ajouta à ses domaines Chieri et Tortone (²). Ainsi les comtes de Savoie ne manquaient jamais de profiter des discordes intestines de l'Empire pour étendre leurs possessions.

Si désespérée paraissait alors la situation d'Othon de Brunswick que presque tous ses partisans l'avaient

---

(¹) Huilhard-Bréholles, V. 1234. — Le 1er mars 1205, Philippe accorda des privilèges à l'église Saint-Jean de Besançon. Winckelmann, *Acta Imperii inedita*, n° 10.

(²) Guichenon, *Histoire de la Maison de Savoie*, IV, preuves, 49. — Winckelmann, *Philipp von Schwaben*, I, 418-419. — *Monumenta Historiæ Patriæ* (Turin), Chartæ, I, 1137. — On peut citer parmi les témoins Etienne d'Auxonne, Guillaume, comte de Vienne et Mâcon, Gaucher de Salins, Richard de Montbéliard.

abandonné. Le Pape avait absous Philippe, et ses légats sollicitaient Othon de se désister de ses prétentions en échange d'une compensation. En vue de cette transaction, divers projets furent successivement examinés. Vers le mois d'août 1207, on offrait à Othon, comme prix de sa renonciation à l'Empire, le royaume d'Arles et d'autres provinces qui lui devaient être attribuées avec la main d'une fille de Philippe de Souabe ([1]). Cette combinaison, qui entraînait la reconstitution du royaume de Bourgogne, paraît avoir été abandonnée aussitôt que conçue ; les négociations, reprises sur d'autres bases, échouèrent devant la ténacité d'Othon.

Cependant, la vieille hostilité des bourgeois de Valence contre leur évêque n'avait point cessé. Ils lui refusaient notamment des droits de péage au mépris de constitutions impériales ; deux diplômes de Philippe enjoignirent aux bourgeois de se soumettre ([2]). En même temps, le roi s'occupait de marier sa nièce Béatrice, héritière de la Comté, à Othon d'Andechs, duc de Méranie, dont les descendants devaient posséder pendant quelque temps la Bourgogne palatine ([3]).

Ce fut un des derniers actes de Philippe de Souabe. Peu de temps après il tombait sous les coups d'un

---

([1]) « Ad talem concordiam devenerunt ut Otto cederet electioni de se facte et reciperet regnum Arelatense, et quedam alia castra et regis nomen, atque Philippi filiam duceret in uxorem. » Godefroi de Viterbe, dans Pertz, *Scriptores*, XXII, 369.

([2]) *Gallia Christiana*, XVI, 110 et 111.

([3]) Sternfeld, *op. cit.*, 24.

assassin, et sa mort assurait le triomphe d'Othon de Brunswick, en dépit de tous les calculs du roi de France.

Othon, qui pendant plusieurs années fut le seul maître de l'Empire, paraît s'être très peu occupé des provinces situées au delà du Jura et des Alpes. Il intervint une fois en Provence, mais sans succès, pour faire restituer à l'Abbaye de Montmajour le château de Pertuis, saisi par Guillaume de Sabran (¹). Il ne put même pas soutenir efficacement le comte palatin Othon de Méranic, attaqué par Etienne d'Auxonne et le duc de Zaehringen.

XI

Ainsi, grâce aux fautes de Henri VI, absorbé par de lointaines entreprises ; grâce aux dissensions qui, après sa mort, avaient déchiré l'Allemagne, le pouvoir impérial n'était plus investi, dans le royaume d'Arles, que d'une autorité apparente ; c'était un fantôme sans aucune réalité. Pour gouverner ces provinces, il eût fallu un personnel d'administrateurs dévoués ; les Empereurs

---

(¹) 1210. Winckelmann, *Acta Imperii inedita*, nᵒˢ 41 à 44. « Salvo tamen jure imperii et regni Arelatensis », nᵒ 41. — Othon invita l'évêque et la commune d'Avignon, et les seigneurs de Baux, à prêter secours aux monastères.— En revanche, en 1209, Philippe-Auguste permet à Aymar de Poitiers, comte de Valentinois, de percevoir les droits anciens et péages « in terra sua et in aqua et in potestate sua. » *Archives de l'Isère*, Valentinois en général, paquet 1.

n'avaient pu ou n'avaient su le créer, et s'étaient bornés
à recruter des partisans parmi les seigneurs ecclésiastiques ou laïques auxquels les circonstances rendaient
utile la protection de l'Empire. C'était un appui trop
faible et trop éphémère pour assurer la fidélité des seigneurs et résister aux progrès de la monarchie française, à laquelle la politique de Philippe-Auguste et la
victoire de Bouvines devaient bientôt assurer la première
place en Europe ; ajoutez-y que la guerre des Albigeois
et les conséquences qu'elle entraîna donnèrent à la
France du Nord une puissante influence sur le Midi de
la Gaule. En vain tous les ennemis de la royauté Capétienne se coaliseront ; en vain le comte de Toulouse,
Raymond de Saint-Gilles, menacé par la France et con-
damné par l'Eglise, se fera-t-il l'allié fidèle de l'Empereur d'Allemagne. Par la force irrésistible des événements, les pays d'entre le Rhône et les Alpes échappe-
ront au pouvoir fragile des souverains élus de l'Allemagne, pour tomber les uns après les autres sous la
domination de cette royauté si pleine de vigueur, si
admirablement servie par ses soldats, ses administrateurs, ses jurisconsultes, si profondément nationale et
populaire, et partant si riche d'espérances et si con-
fiante dans l'avenir. C'est que la communauté de race,
les analogies du langage, les relations quotidiennes,
enfin l'attraction qu'exerce toujours autour d'elle une
puissance forte, entraînent ces contrées vers la France
et l'éloignent de l'Allemagne. Joignez à cela les luttes
contre la papauté, dans lesquelles les populations du
Sud-Est de la Gaule répugnent à suivre les Empereurs ;
joignez-y l'antipathie naturelle de la légèreté méri-
dionale pour la lourdeur germanique, vous compren-

drez alors que le royaume d'Arles n'ait jamais été ratta-
ché à l'Empire que par des liens artificiels et factices.
Vous comprendrez que les vœux de l'opinion, dans la
Bourgogne du Sud, se soient souvent portés vers les
ennemis des empereurs ; par exemple, vers les Lombards, lors de leur lutte pour l'indépendance de l'Italie.
Pour l'un de leurs plus brillants troubadours, Pierre
Vidal, les Allemands sont grossiers et vilains. Leur par-
ler lui semble un aboiement ([1]) ; il aime bien mieux le
gracieux langage des cours d'Amour. Il ne voudrait pour
rien au monde être un puissant seigneur de la Frise ;
il aimerait bien mieux, s'il lui fallait choisir son séjour,
vivre dans les riches campagnes du Nord de l'Italie, au
milieu des joyeux Lombards, qui ont si glorieusement
résisté à la maison de Souabe.

Cependant, comme son grand aïeul Barberousse, le
nouvel empereur Frédéric II réussira à rattacher pour
quelque temps à l'Empire les provinces du royaume
d'Arles ; mais, comme Barberousse, il ne craindra pas
de s'engager dans une lutte à outrance contre la puissance spirituelle. La maison de Souabe expiera par la
perte de l'Empire le crime d'avoir déchaîné la guerre
religieuse et de l'avoir poursuivie comme une tradition
de famille.

La chute des Hohenstaufen est un événement capital
dans l'histoire de l'Europe occidentale, et notamment
dans l'histoire des provinces d'Arles. Grâce à l'abaisse-
ment de l'Empire, la maison de France exerce décidé-

([1]) Rayhouard, *Poésie des Troubadours*, V, 339.

ment en Europe une prépondérance qu'elle gardera longtemps, que parfois lui enlèveront de grandes fautes ou de grands revers, mais qu'elle finira toujours par recouvrer. En effet, la royauté française possède au plus haut degré les qualités qui assurent le succès; elle poursuit, de siècle en siècle, avec une persévérance étonnante, l'accomplissement de desseins qu'elle sait reprendre après de longues années d'un apparent oubli; elle y est aidée par des agents assez patients pour savoir attendre, assez habiles pour modifier, au gré des circonstances, ce qu'il y aurait de trop rigide dans la ligne de conduite qui leur a été tracée. C'est par cette politique que la royauté gagne successivement, à partir de la fin du XIIIe siècle, les provinces du Sud-Est: le Vivarais et Lyon, plus tard Sainte-Colombe, cet avant-poste du Dauphiné, le Dauphiné, le Valentinois, et enfin la Provence; c'est par cette politique qu'elle efface partout le souvenir de la suprématie impériale.

Je me réserve de suivre, dans des études ultérieures, l'affaiblissement de l'autorité de l'Empire dans ces contrées et les tentatives faites, à diverses reprises, par les empereurs pour la recouvrer. Aujourd'hui j'ai seulement voulu poser la question qui s'est débattue entre la France et l'Empire, et en raconter les premières vicissitudes.

www.ingramcontent.com/pod-product-compliance
Lightning Source LLC
Chambersburg PA
CBHW060803180626
46818CB00002B/676